Die Peperoni-Strategie ▪

■ *Prof. Dr. phil. Jens Weidner,* Professor für Erziehungswissenschaften und Kriminologie an der Hochschule für Angewandte Wissenschaften in Hamburg, entwickelte ein Anti-Aggressivitäts-Training (AAT®), mit dem in über 100 Projekten Gewalttäter behandelt werden. Seit 1994 bietet er dieses Training auch in umgekehrter Sichtweise an: für Führungskräfte, die ihre Durchsetzungsfähigkeit und ihren Biss stärken wollen.

Jens Weidner

Die Peperoni-Strategie

**So setzen Sie Ihre natürliche
Aggression konstruktiv ein**

Campus Verlag
Frankfurt/New York

Bibliografische Information der Deutschen Bibliothek
Die Deutsche Bibliothek verzeichnet diese Publikation in der
Deutschen Nationalbibliografie. Detaillierte bibliografische Daten
sind im Internet über http://dnb.ddb.de abrufbar.
■ ISBN 3-593-37788-8

Umschlaggestaltung: Guido Klütsch, Köln
Satz: Fotosatz L. Huhn, Maintal-Bischofsheim
Druck und Bindung: Druckhaus Beltz, Hemsbach
Gedruckt auf säurefreiem und chlorfrei gebleichtem Papier.
Printed in Germany

Besuchen Sie uns im Internet: www.campus.de

Inhalt

Vorwort

Die Peperoni-Strategie ist wie eine frische Habañero-Schote, eine der schärfsten Chili-Sorten der Welt: Sie ist feurig. Sie ist sinnlich-gefährlich. Darum kommt es auf die Dosierung an. Eine zu hohe Dosis entwickelt höllische Schärfe, und man verbrennt sich fürchterlich den Mund. Peperonis sind rot. Sie signalisieren Aggressivität. Ihr Schärfewirkstoff Capsaicin ist – wissenschaftlich erwiesen – gut für das Herz, fördert die Durchblutung und reduziert sogar das Risiko gefährlicher Blutgerinnsel. Capsaicin schützt gleichzeitig den Magen, denn es macht ihn robuster, so der Hamburger Gourmet-Experte Martin Lagoda. Aber die Peperoni-Wirkstoffe attackieren unseren Körper auch und verlangen, dass wir behutsam und klug mit ihnen umgehen. Wird die Peperoni mit bloßen Händen aufgeschnitten, kontaminiert sie die Hände des »Angreifers« bis zu zwei Tage: Kommen die Finger mit Schleimhäuten in Berührung, brennt es höllisch, und die Peperoni errötet vor Freude. Kein Wunder also, dass die Peperoni, gemessen in Scoville-Einheiten, dem internationalen Maß für Schärfe, auf der Werteskala ein Top-Score erreicht. Die Produkte der Schärfegrade neun bis zehn müssen sogar mit Warnhinweisen auf den Etiketten versehen und von Kindern unbedingt fern gehalten werden.

Genauso verhält es sich mit der Peperoni-Strategie für mehr

Durchsetzungsvermögen! Richtig dosiert verhilft sie Ihnen im Berufsalltag zu mehr Durchsetzungskraft und Würze. Positive Aggressionen, wohlbedacht eingesetzt, wirken wie ein Feuerwerk in uns: Sie geben uns Tatkraft, Courage und Rückgrat. Wer den Biss hat, Nein zu sagen und für seine Ziele einzustehen, der erlangt mehr Respekt und mehr Energie. Dieses Buch zeigt Ihnen, wie Sie Ihre natürlichen Aggressionen konstruktiv einsetzen. Sie lernen

- wie Sie verhindern, über den Tisch gezogen zu werden,
- wie Sie der potenziellen Opferrolle entgehen,
- wie Sie Ihre guten Ideen und Projekte erfolgreich durchsetzen.

Dieses Buch verschafft Ihnen außerdem Freude an kleinen Strategiespielen, mit denen Sie Ihre Umwelt verblüffen können, damit sie Sie nicht unterschätzt. Es bringt damit eine gewisse Würze und, wenn nötig, auch Schärfe in Ihr Berufsleben.

Sollte Ihr Partner, Ihre Partnerin nach der Lektüre dieses Buches zu Ihnen sagen: »Du wirkst viel selbstsicherer«, dann bewegen Sie sich in die richtige Richtung. Ich möchte Sie allerdings eindringlich davor warnen, das, was Sie im Folgenden lesen, auf Ihr Privatleben anzuwenden. Sie würden einen fatalen Fehler begehen: Alle Strategien, die im beruflichen Bereich erfolgversprechend sind, entpuppen sich im Privaten als Katastrophe. Bitte bedenken Sie: Im Privaten sind nicht strategisches Geschick und Cleverness gefragt, sondern Miteinander und Einfühlungsvermögen. Ihre privaten Bindungen sollten immer von Offenheit, Ehrlichkeit und Vertrauen geprägt sein, nicht von strategischem Taktieren oder Heimlichkeiten! Die in diesem Buch beschriebenen Job-Strategien können zu echten Scheidungsgaranten werden. Es geht hier ausschließlich darum, wie Sie sich im Geschäftsleben besser durchsetzen.

Die Machtspiele des beruflichen Alltags werden Sie nach der Lektüre dieses Buches schneller durchschauen. Ob Sie dann zum Gegenschlag ausholen oder sich gelassen zurücklehnen, um Ihren Gegenspieler ins Leere laufen zu lassen, das bleibt Ihnen überlassen. Spaß kann beides machen!

Aber beginnen wir von vorne. Wie kam es eigentlich zur Peperoni-Strategie? Mitte der achtziger Jahre hatte ich im Rahmen meines Studiums die Möglichkeit, neue und höchst erfolgreiche US-amerikanische Methoden im Umgang mit jugendlichen Straftätern, so genannten Gangschlägern, vor Ort kennen zu lernen. Ich war von diesem Konzept des gezielten Aggressionsabbaus so überzeugt, dass ich es auf deutsche Verhältnisse zuschnitt und es im Auftrag der niedersächsischen Justiz im Jugendstrafvollzug mit Gewalttätern, also Hooligans, Skin-Heads und Totschlägern, umsetzte. Das beeindruckende Ergebnis: Gewalttäter können erfolgreich behandelt, aggressives Verhalten kann entschärft werden. Zwei Drittel der Behandelten wurden gewaltfrei; Fachzeitschriften, Presse und Fernsehen berichteten sehr positiv über die Methode. Was will man mehr?

Dann passierte Irritierendes: 1993 meldete sich der Leiter eines Schweizer Wirtschaftsinstituts bei mir und fragte, ob es nicht auch möglich sei, Aggression gezielt auf- statt abzubauen. Ich verstand die Frage zunächst nicht und hielt den Anrufer für unseriös, wohlmöglich gar für den Anhänger einer obskuren Sekte? Aber Dr. David Bosshart, Direktor des renommierten Gottlieb Duttweiler Instituts für Wirtschaft und Gesellschaft in Zürich (GDI), meinte es ernst. Er setzte – nomen est omen – nach: Er kenne eine Menge Führungskräfte, die hoch qualifiziert seien, Spitzenleute, aber zu gut für diese Welt und nicht in der Lage, ein Team mit nur zehn Leuten zu führen. Sie bräuchten Biss und Power, vor allem mehr Durchsetzungsstärke und den moralischen Segen, dass man sich durchsetzen *darf* – vor allem für ein gutes Ziel!

Damit war die Idee für einen neuen Typus von Managementseminaren geboren. Seitdem setzen Kunden wie das GDI, DaimlerChrysler, der Norddeutsche Rundfunk oder die Telekom auf dieses potenzialfördernde Trainingsprogramm.

Im Laufe der letzten Jahre traten immer wieder Seminarteilnehmer an mich heran mit der Frage, ob ich ihnen nicht etwas »mitgeben« könne, eine Art Erinnerung: »Für meine regelmäßige Dosis Biss zwischendurch und als Vorbeugung, falls ich wieder zu blauäugig werde«, so der Wunsch des Eigentümers einer deutschen Lebensmittelkette (deren Gemüseabteilungen übrigens ein breites Sortiment an Peperoni führen!). Aus diesen Anregungen entstand die Idee zu diesem Buch. Ich hoffe, Sie können es für sich nutzen – für die kleine Schärfe zwischendurch und als Kochbuch für den gewürzten Berufsalltag mit Biss.

Ihr
Jens Weidner

Die Peperoni-Strategie: 80 Prozent Paprika-Süße reicht!

Wäre es nicht schön, wenn unser Leben nur aus Harmonie und Miteinander bestünde? Wenn sich alle Menschen edel und gut verhielten? Schön wäre das sicherlich – aber mal ehrlich: Würde Ihnen nicht etwas fehlen? Ein klein bisschen Biss, ein wenig Würze? Ein Schuss Feuer, der das Leben nicht zum Einheitsbrei, sondern zum gaumenkitzelnden Chili con Carne veredelt?

Unser Alltag belehrt uns täglich eines anderen: Kleine Kämpfe lassen sich nicht umgehen. Und gerade unser Berufsleben ist gespickt mit Wettbewerb und Konkurrenz. Wie oft hatten Sie schon eine gute Idee, die im Meeting wortgewandt auseinander genommen wurde? Wie oft sind Sie schon aus einem Gespräch herausgegangen und haben gespürt, dass Sie letztlich über den Tisch gezogen wurden?

Unsere Geschäftspartner, unsere Kollegen, Mitarbeiter und Vorgesetzte – sie sind leider nicht alle Gutmenschen, mild und süß wie rote Paprika. Darum ist es auch nicht sinnvoll, dass wir ihnen so begegnen: voller Vertrauen und Naivität.

Zehn Jahre Arbeit mit Gewalttätern, mit Hooligans, Skin-Heads und Totschlägern (als Kriminologe und Erziehungswissenschaftler in Deutschland ebenso wie den USA) und zehn Jahre Arbeit mit Führungskräften (als Managementtrainer in Deutschland und der Schweiz) haben mir tiefe und manchmal auch recht amüsante Einblicke in die Schattenseiten der menschlichen Seele ermöglicht – und vor allem eines gezeigt: Allein mit Gutherzigkeit kommen wir im Leben nicht zurecht. Vermutlich, verehrte Leserinnen und Leser, sind Sie fabelhafte Menschen, die teamorientiert und einfühlsam ihren Alltag meistern. Um diese edle Seite Ihrer Persönlichkeit geht es in diesem Buch nicht. Hier dreht sich alles ausschließlich um die Stärkung Ihrer bissigen Persönlichkeitszüge, die es Ihnen erlauben, sich auch in harten Wettbewerbssituationen erfolgreich und punktgenau durchzusetzen.

Nur Verständnis, Einfühlsamkeit und Teamgeist, also 100 Prozent Gutmenschentum beziehungsweise – um in unserem Gemüsebild zu bleiben – milde Paprika-Süße, bringen Sie in Gefahr, ausgebeutet und übervorteilt zu werden. Sanfte Zeitgenossen sind in hohem Maße Burn-out-gefährdet und quälen sich im schlimmsten Fall mit psychosomatischen Erkrankungen herum, weil sie ihren Ärger und ihre Frustrationen in sich hineinfressen oder das Leben nur noch mit einer allabendlichen Cognac-Therapie ertragen. Wenn es mir mit diesem Buch gelänge, Ihre 20 Prozent Biss und Durchsetzungsstärke zu fördern, dann könnten diese 20 Prozent als ein echter Beitrag zur Förderung Ihrer Gesundheit verstanden werden: Sie fräßen weniger Ärger in sich hinein, und Ihre Gegenspieler müssten erkennen, dass Sie für die Opferrolle nicht die geeignete Besetzung sind. Wäre das nicht wunderbar?

Sich durchsetzen, um Gutes zu tun, das bringt unsere Gesellschaft voran – und genau dazu will dieses Buch Sie ermutigen!

Die Zeiten komplexer Persönlichkeitsveränderungen in Berufsleben und Management sind vorbei. Heute zählen Nuancierungen: Man will im Prinzip so bleiben, wie man ist, nur besser. Warum auch nicht? So schlecht kann die eigene *personality* ja nicht sein, immerhin haben Sie es ja in eine gute berufliche Position geschafft! Nun könnte es gern weitergehen. Die Grundvoraussetzungen bringen Sie mit: erstklassiges Fachwissen, gezieltes Networking, professionelles Know-how. Was noch hinzutreten sollte, ist der souveräne Auftritt. Das beinhaltet: Durchsetzungsstärke, Courage und Energie – auch und gerade bei starkem Gegenwind ... Mit den Worten David Bossharts:»Management heißt: Härte, Mut, Augenmaß. Es braucht zunächst und am wichtigsten als Voraussetzung den Biss, etwas zu wollen. Dann braucht es den Mut, ambitiös zu sein. Und nicht zuletzt braucht es die Kunst, das Augenmaß zu halten.«

Biss, Mut und Augenmaß – das können Sie erwerben. Sie müssen dazu nur Ihre positive Aggression aktivieren. Hierbei möchte Sie dieses Buch unterstützen.

Wenn Sie Ihr Persönlichkeitsprofil um Durchsetzungsstärke erweitern wollen, brauchen Sie die Bereitschaft, konfrontativ zu handeln, um Menschen, die es nicht gut mit Ihnen meinen, zur Rede zu stellen. Das fällt den meisten Menschen eher schwer. Übrigens auch mir (der sehr ordentlich-bürgerlich erzogen wurde), bis ich in den USA eine konfrontative Erfahrung wider Willen machen durfte, die mich prägte und veränderte:

Beispiel: Wie im Vorwort schon geschildert, ging ich als Nach- **X** wuchsforscher für ein halbes Jahr in die USA, um in einem privaten Jugendgefängnis bei Philadelphia Untersuchungen über jugendliche Gewalttäter durchzuführen. Mein Hinweis an den Abteilungsleiter (Spitzname »Ironhead«), meine Tätigkeit würde lediglich eine teilnehmende Beobachtung umfassen, quittierte dieser mit den Worten:»Fucking german, pack your suitcase!« (Sinngemäß:»Ich bin mit Ihrem Forschungsansatz nicht ganz einverstanden ...«) Er ergänzte dies – ganz Coach – mit der Analyse, ich hätte ein »Nice-Guy-Problem«, was weniger als ästhetisches Kompliment, sondern mehr so zu verstehen war, dass er mich für ausgeprägt konfliktscheu hielt.

Dieses Persönlichkeitsdefizit wollte er mir nun durch Konfrontationsübungen abtrainieren – und er leistete ganze Arbeit: Ich bekam zehn Tage Zeit, um 150 Konfrontationen an den inhaftierten Gangschlägern durchzuführen, die meine Konfrontationen – strafverschärfend – auch noch gegenzeichnen mussten. Zum Beispiel gab es aus gutem Grund ein Verbot für das Tragen von Ohrringen im Gefängnis. Meine erste Aufgabe war, einen Gangschläger, der sich nicht an diese Norm hielt, vom Gegenteil zu überzeugen. Dabei musste ich die »levels of confrontation«, ein Konfrontationsritual, einhalten: Zunächst ging ich zu dem Jungen hin und zeigte ihm non-verbal, dass er den Ohrring herausnehmen möge. Er tat es nicht. Ich bat ihn höflich, den Ohrring zu entfernen. Er tat es nicht. Ich sagte unhöflich: »Nimm den raus!« Er tat es nicht. Ich machte den »touch for attention«, legte also die Hand auf seine Schulter und bat eindringlich, Nase an Nase, der Ohrring-Norm Folge zu leisten. Er tat es noch immer nicht. Ich rief »Support!« (»Unterstützt mich!«), und alle Mitarbeiter und Jugendlichen waren zur sofortigen Unterstützung verpflichtet. Alle standen nun um den Ohrringträger herum, redeten auf ihn ein, laut, leise, liebevoll, aggressiv, ein 10-minütiges Konfrontationsgewitter – und endlich nahm er den Ohrring heraus. Die Konfrontation war beendet – und ich bekam meine Unterschrift (»Mr. Weidner confronted me at 9.14 a.m.«)!

Ich war von dem Erlebnis total gestresst – und von dem Gedanken, dass nun »nur« noch 149 Konfrontationen vor mir lagen. Nach zehn Tagen hatte ich nicht nur – vor Anstrengung – Hautausschlag im Hals- und Brustbereich, sondern war um zahllose Erfahrungen reicher, wurde von »Ironhead« in höchsten Tönen vor dem gesamten Team gelobt (»Jungs, der Deutsche hat doch Potenzial!«) und hatte die Gewissheit, dass ich mich durchsetzen kann – wenn es gefordert ist.

Eine solche Gewissheit strahlt man aus. Wenn man Ihnen abnimmt, dass Sie in einer Konfrontation bestehen können (wenn Sie es wollen), wird man Ihre Freundlichkeit nicht mit Schwäche verwechseln.

Neben dem Vertrauen in die eigene Durchsetzungsstärke ist aber auch Augenmaß wichtig – nicht immer ist eine Konfrontation der richtige Weg, zumal die Reizschwelle bei jedem Menschen unterschiedlich ist. Auch hierfür ein etwas schmerzhaftes Beispiel aus meinem Berufsalltag mit Gewalttätern: Mit harten Konfrontationstherapien, bei denen der Gewalttäter auf dem so genannten »heißen Stuhl« sitzt, soll das brutale Denken von Schlägern verändert werden. Sie sollen Mitleid mit ihren Opfern fühlen. Amerikanische Therapeuten sprechen vom »Hot Seat«, weil die Schläger, von ehemals gewalttätigen Insassen und Therapeuten eingekreist und unter Gruppendruck, im Kreuzfeuer der Kritik schnell ins Schwitzen kommen.

Beispiel: In meiner Anfangszeit in der deutschen Justiz, das war 1987, wurde mir ein gewalttätiger (und erfreulicherweise inhaftierter) Mann zur Behandlung zugewiesen. Er – 22 Jahre alt – war leicht reizbar und litt unter seiner Halbglatze. Wenn man ihn darauf ansprach, lief er nicht nur tiefrot an, sondern wurde richtig wütend. Er galt als unkontrolliert, zumal ihn eine ähnliche Nichtigkeit in einem Lokal hatte gewalttätig ausrasten lassen. Das war der Grund für seine Inhaftierung. Unser Job war es, durch gezielte Provokationen seine Reizschwelle so zu erhöhen, dass er zukünftig nicht mehr die Beherrschung verlieren würde. Auch aus reinem Selbstschutz baten wir ihn, Bescheid zu sagen, falls er es nicht mehr aushielte und kurz vorm Explodieren stünde.

Bereits nach 3 Minuten rief der Mann: »Schluss!« Ich war verärgert, hatte doch die Vorbereitung auf diese schwierige Sitzung über eine Stunde gedauert – und nun nach kürzester Zeit ein »Time out«! Ich nahm das Signal daher vor lauter Ärger nicht ernst. Mein Gefühl sagte: »Der blufft nur, um sich vor der Behandlung zu drücken.«

Deshalb ging ich auf ihn zu, streichelte ihm über seine mittlerweile leicht verschwitzte Halbglatze und sagte: »Junge, du hast doch wohl noch mehr zu bieten!« – »Ja!«, sagte er, stand auf und schlug mir kräftig mit der flachen Hand ins Gesicht. Die Schwellung hielt drei Tage, obwohl er zur Entschuldigung sagte, er habe nur dosiert zugelangt: »Herr Weidner, das war doch Akademiker-verträglich.« Das muss zweifelsfrei gestimmt haben, der Mann war immerhin wegen versuchten Totschlags verurteilt.

Man sollte also nicht falsch platzierte Konfrontation und toughes Auftreten mit positiver Aggression verwechseln, die stets aufbauend und konstruktiv sein soll. Sonst muss man mit dem schmerzhaften Echo leben lernen – wie im obigen Fall.

In diesem Buch geht es natürlich nicht um körperliche Übergriffe, sondern um Machtspiele. Vornehmlich dreht es sich um die Frage, mit welchen Wettbewerbssituationen Sie im Beruf rechnen müssen und wie Sie sich gegen unfaire Angriffe wehren können. Ich möchte Ihnen Strategien dafür aufzeigen und Ihnen Mut machen, gemeinen Attacken mit Biss entgegenzutreten. All das dient nur einem Ziel: Sie punktgenau durchsetzungsstärker zu machen, damit Sie in Zukunft karrierehemmende Interaktionen schneller durchschauen. Es geht um einen Motivationsschub hin zu mehr Biss.

Das folgende Kapitel, *Durchsetzungsstärke ja, Ellenbogenkarriere nein!*, fragt nach den Unterschieden zwischen Durchsetzungsstärke und Egoismus. Natürlich wäre es besser, wenn wir alle rücksichtsvoll und nächstenlieb handeln würden. Doch dabei besteht die Gefahr, dass wir ausgenutzt und übervorteilt werden, denn für unser Gegenüber gilt allzu oft:»they take kindness for weakness.« Wo liegt die Grenze zwischen Hilfsbereitschaft und dem Helfersyndrom? Dieses Kapitel zeigt auf, warum Sie für Ihre Interessen einstehen sollten.

Das Kapitel *Aggressionen – überlebenswichtig oder Teufelszeug?* beleuchtet den Sinn dieser verleugneten Emotion. Warum verfügen Menschen über dieses Potenzial? Was passiert im Körper, was in der Psyche, wenn wir aggressiv werden? Was ist überhaupt Aggression, und wie können wir dieses Gefühl beeinflussen? Darüber hinaus werden die verschiedenen Formen der Aggression und ihre konkreten Handlungsausprägungen im Alltag erläutert.

Das Kapitel *Positive Aggression – Ihr konstruktives Potenzial* präzisiert, welche Chance im konstruktiven Umgang mit unserer natürlichen Aggression liegt, und stellt Ihnen die acht Grundregeln der Peperoni-Strategie vor.

Im Kapitel *Man muss seine Gegner kennen – Erfolgsmenschen auf der Spur* wird der Frage nachgegangen, wie erfolgreiche Menschen »ticken« und ob es Unterschiede zwischen Männern und Frauen im Umgang mit dem eigenen aggressiven Potenzial gibt. Hier finden Sie Hinweise, wie Sie – als Frau – die männlichen Schwächen beziehungsweise – als Mann – die weiblichen Schwächen zu Ihrem Vorteil nutzen können.

Das Kapitel *Peperoni oder Paprika: Wo stehen Sie?* stellt Sie in den Mittelpunkt. Der Peperoni-Test untersucht Ihre Biss-Schärfe, in anschließenden Workshops analysieren Sie Ihre Stärken, Ihr Biss-Potenzial, Ihre Schwächen sowie Ihre Biss-Bremsen. Nur wenn Sie wissen, wo Sie stehen, auf welche Stärken Sie sich verlassen können und welche Schwächen nach außen nicht offensichtlich werden sollten, können Sie sich überzeugend positionieren und souverän auftreten.

Das Kapitel *Unterstützer oder Angreifer: Ihr berufliches Umfeld* legt den Schwerpunkt auf Ihre Berufsumgebung. Mithilfe der Diamantenanalyse erfassen Sie, wer in Ihrer Umgebung welchen Status und welche Rolle innehat. Vor allem aber zeigt diese Analyse, wer Ihnen gegenüber falsch spielt und auf wen Sie sich in Krisensituationen verlassen können.

Mit dem Kapitel *Mehr Biss: Strategien für Ihre Durchsetzungsstärke* geht es in die Praxis: Mithilfe der Abwehrrhetorik werden Sie schlagfertiger, das schöne Wörtchen »Nein« verschafft Ihnen Raum und Strategien wie der strenge »Mutter-Blick« oder die »Arbeitsgruppe als Bermuda-Dreieck« helfen Ihnen, sich gegen zu forsche oder gar unfaire Kollegen zu wehren.

Ich hoffe, ich kann Ihnen eines vermitteln: sich durchzusetzen und ein guter Mensch zu bleiben – das ist kein Widerspruch! Lassen Sie sich also bitte nicht bremsen. Ergänzen Sie Ihre 80 Prozent milde Paprika-Süße durch 20 Prozent Peperoni-Würze. Werden Sie nicht zum Opfer anderer; erliegen Sie auch nicht Ihren eigenen Wünschen nach Harmonie und umfassender Fairness – damit werden Sie leider an den Realitäten der Wettbewerbsgesellschaft scheitern! Stehen Sie zu Ihren Zielen, nutzen Sie Ihr strategisches Geschick! Treten Sie – wenn der Sache dienlich – richtig abgebrüht auf (wobei es ja reicht, wenn Sie überzeugend so tun können als ob). Hier geht es nicht um die moralische Selbstzensur, nicht um ein verkrampftes Entweder-oder, sondern um ein entspanntes Sowohl-als-auch. Lernen Sie auf der Klaviatur der Gegenstrategien genussvoll zu spielen, treten Sie nicht nur voller Dynamik, sondern auch empathisch und charmant auf.

Sie werden sehen: Die Peperoni-Strategie bereichert Ihr Leben – und fördert Ihren beruflichen Erfolg. Was wollen Sie mehr?

Durchsetzungsstärke ja, Ellenbogenkarriere nein!

Es sind stürmische Zeiten für Unternehmen – Umstrukturierungen, Fusionen, das Prüfen von Synergieeffekten sind an der Tagesordnung. Mitarbeiter werden freigesetzt, ganze Abteilungen geschlossen und mitunter komplette Hierarchieebenen gestrichen. Längst sind die Zeiten vorbei, in denen qualifizierte Fach- und Führungskräfte vom Stellenabbau verschont blieben. Nicht nur der Konkurrenzkampf zwischen den Unternehmen wird härter, auch der Verdrängungswettbewerb innerhalb der Firmen wird mit harten Bandagen ausgefochten. Wer in diesen Zeiten den nächsten Karriereschritt anstrebt, hat mit deutlich mehr Gegenwind zu rechnen als noch vor ein paar Jahren.

Aber auch derjenige, der neue Ideen einbringt – Produkte, Strukturen, Arbeitsabläufe –, muss mit verstärktem Widerstand rechnen. Denn Veränderungen verunsichern Ihre Kollegen, Mitarbeiter und Vorgesetzten, könnten sie doch zum einen mehr Arbeit bedeuten oder zum anderen zeigen, dass deren Innovationen nicht so brillant sind wie die Ihren.

Ob Sie wollen oder nicht – Sie müssen sich durchboxen. Die See wird rauer und ein aggressives »Sich-Durchbeißen« zu einer ungeliebten Tugend! Angesichts der gegenwärtigen Verdrängungswettbewerbe wissen auch der netteste Chef und die engagierteste Chefin, die freundlichste Kollegin und der entgegenkommendste Kollege, dass sie beziehungsweise er mit sozialverträglicher Höflichkeit allein nicht sein Ziel erreicht. Konkurrenz droht also auch aus dieser Richtung. Die guten Menschen kommen häufig schneller in den Himmel, als ihnen lieb ist! »Die werden abgeschossen«, formulierte es treffend ein Manager in einem meiner Seminare.

Wer neue Ideen einbringt, etwas verändern möchte, der wird folgende Sätze immer wieder hören

- ■ »Das geht hier nicht!«
- ■ »Das lief hier schon immer so!«
- ■ »Sie haben keinen Respekt vor den Traditionen unseres Hauses!«
- ■ »Sie sind noch zu neu hier. Machen Sie sich erst einmal mit den Gepflogenheiten bei uns vertraut!«
- ■ »Wenn Sie – wie ich – 15 Jahre hier tätig sind, werden Sie es genauso sehen.«

Statt nun Ihre innovativen Ideen durchzuboxen, können Sie natürlich auf diese Auseinandersetzungen verzichten. Sie können zurückstecken. Auch wenn es um eine neue Position geht – schließlich ist da der Kollege Meier, der diesen neuen Posten und die damit verbundene Gehaltserhöhung viel nötiger braucht, schließlich hat er drei Kinder und eine kranke Frau. Doch Dankbarkeit oder gar Ansehen ernten Sie letztlich für diese edle Tat nicht: Sie werden als softer Loser gelten – übrigens auch beim Kollegen Meier.

Wer die Vertretung seiner Interessen aufgibt, um einem Kampf oder auch unangenehmen Situationen auszuweichen, wer nicht Nein sagen kann, der hat letztlich das Nachsehen – in seiner Karriere. Denn wer nicht für sich eintritt, läuft Gefahr, ausgebeutet zu werden.

Wenn Sie nicht Nein sagen können, gehören Sie womöglich bald zu denjenigen, denen am Freitag Nachmittag noch ein zeitintensiver Auftrag aufgedrückt wird, weil der Kollege es nicht schafft (weil er noch zum Golfen will, was man Ihnen natürlich nicht sagt). Um Ihnen die Mehrarbeit schmackhaft zu machen, appelliert Ihr Kollege, vielleicht auch Ihr Chef, an Ihr Gewissen, schließlich sind Sie eine tragenden Säule des Unternehmens: »Ohne Sie hätten wir hier riesige Probleme«, »Sie können das mit Abstand am besten«, »Ohne Ihr Know-how ist das nicht zu lösen« oder ähnlich süßes Harfenspiel soll Sie in die Falle locken. Glauben Sie diese Sprüche und arbeiten bis in die tiefe Freitagnacht hinein, werden Sie am Montag zwar ein wenig Lob hören, aber vor allem auch Kritik an Ihrem miesen Zeitmanagement.

Mit einem klaren »Nein« zur rechten Zeit hätte dies vermieden werden können. Aber viele Menschen trauen sich nicht, etwas abzulehnen, weil sie dafür dann zur Rede gestellt werden könnten, sie sich erklären müssten (»Warum sagen Sie Nein?«) – in diesen Fällen würden sie sich den aufdringlichen Argumentationen ihres Gegenübers unterlegen fühlen. Widersprechen ist aber wichtig, gerade wenn Sie bedrängt werden oder Kollegen, Mitarbeiter, Vorgesetzte versuchen, Ihre Karriere zu torpedieren.

> **Das sollten Sie sich merken:** Machtspieler (und übrigens auch Gewalttäter) lieben Opfer mit dem geringsten Widerstand. Nur wenn Sie sich wehren, können Sie der Opferrolle entgehen! ■

Der schmale Grat zwischen Selbstaufgabe und Egozentrik

In Bertolt Brechts Parabelstück *Der gute Mensch von Sezuan* kann sich die Protagonistin Shen Te keinem um Hilfe flehenden

Menschen verschließen. Bis zur Selbstaufgabe opfert sie sich in ihrem Helfersyndrom auf. Um dem eigenen finanziellen Ruin zu entgehen, erfindet sie in letzter Not den hartherzigen und skrupellosen Cousin Shui Ta, in dessen Maske sie Bittstellern entgegentritt, um ihre Interessen zu wahren. Nur durch diese Persönlichkeitsspaltung gelingt ihr das Überleben. Eine extreme Strategie, die letztlich keine Lösung ist. Brechts Theaterstück endet mit den bekannten Worten:

»Wir stehen enttäuscht und sehn betroffen
den Vorhang zu und alle Fragen offen.«

Shen Te symbolisiert die grenzenlose Güte, und Shui Ta steht für das egoistische Prinzip – und irgendwo dazwischen liegt das richtige Maß, das den Menschen davor schützt, als Opfer unterzugehen oder als Täter Schuld auf sich zu laden.

Eine weitere prominente literarische Figur, die das Dilemma zwischen Selbstaufgabe und rücksichtsloser Egozentrik anspricht, ist der Mephistopheles aus Johann Wolfgang Goethes Drama *Faust*. Teuflisch-geistreich nimmt dieser die Begrenztheit menschlichen Handelns ins Visier, »wenn sich der Mensch, die kleine Narrenwelt, gewöhnlich für ein Ganzes hält«. Der Mensch ist eben nicht nur gerecht, und vieles gut Gemeinte hat schon zu großem Elend geführt. Diese Paradoxie ist Mephistos Leitidee. Er versteht sich als

»ein Teil von jener Kraft,
die stets das Böse will und stets das Gute schafft.«

Das mephistophelische Prinzip greift der Philosoph und Medientheoretiker Norbert Bolz heute auf, wenn er den notwendigen gesellschaftlichen Strukturwandel mit dem Begriff des

»Machiavelli-Consultings« auf die Spitze treibt. Er spricht provokant von den Strategien des Bösen und von der schöpferischen Zerstörung als eigentlicher unternehmerischer Leistung, die auch Unberechenbares auslöst und damit erst Neues und Innovatives ermöglicht. Das mephistophelische Prinzip attackiert jene Besitzstandswahrer in Unternehmen, die Innovationen immer ausbremsen.

Wer Biss hat, Nein sagen kann und nicht, wie im Helfersyndrom, ständig Unterstützung signalisiert, der schützt sich davor, ein Opfer der Übervorteilung und Ausbeutung zu werden. Der erlangt außerdem viel mehr Respekt.

Nein sagen kann man lernen, ebenso die Stärke, sich durchzusetzen. Und warum sollten wir nicht sogar noch einen Schritt weitergehen und Spaß daran finden, unsere Interessen zu vertreten? Sind Sie dazu bereit oder unterliegen Sie dem Einfluss der Ethikfrage, die Ihnen – mit dem Kognitionspsychologen Kohlberg gesprochen – die postkonventionelle Moral abverlangt? Kohlberg betont, dass wir uns an den Menschenrechten und Kants kategorischem Imperativ orientieren sollen: »Handle so, dass die Maxime deines Willens jederzeit zugleich als Prinzip einer allgemeinen Gesetzgebung gelten könne.« Oder etwas salopper: Was du nicht willst, dass man dir tu, das füge auch keinem anderen zu!

Eine wunderbare Handlungsmaxime, wenn alle Menschen Engel wären und sich daran hielten. Aber: »Glaubt man ausschließlich an das Gute im Menschen, wird dieses irreführende rosige Licht zur bitteren Enttäuschung führen«, mahnt selbst der Sozialphilosoph Erich Fromm, der als Protagonist des Guten in die Geschichte eingegangen ist. Der naive Glaube an die unbedingte Nächstenliebe verführt zur Selbstaufgabe im Helfersyndrom. Und die kann, wie wir oben schon gesehen haben, in den eigenen Ruin führen.

Einen Ausweg aus dem Dilemma zwischen Selbstaufgabe und Egoismus bietet ein bestimmter Bereich der Ethik: die so genannte Strebensethik. Während die Pflichtethik uns vorschreibt, wie wir zur handeln haben, uns feste Maximen und Werte an die Hand gibt, will die Strebensethik beraten, besonders in den Situationen, in denen wir selbstverantwortlich agieren müssen. Die Strebensethik will zur Selbstkompetenz, zum Lebenkönnen befähigen. Sie rät uns zum Beispiel, in einer zwischenmenschlichen Situation auf Dauer keine einseitigen Leistungen zu erbringen, uns also nicht ausbeuten zu lassen. Sie unterstützt uns, in diesen Situationen Nein zu sagen, uns nicht mit Lob und Schmeichelei erpressen zu lassen.

Natürlich gibt es neben der Eigenverantwortung auch die Verantwortung für das Allgemeinwohl, die wir alle tragen. Es kann also nicht das Ziel dieses Buches sein, das rücksichtslose Durchsetzen der eigenen Interessen zu propagieren. Aber schon die Bibel sagt: »Liebe deinen Nächsten wie dich selbst« – die Eigenliebe sollte also nicht zu kurz kommen. Es kommt darauf an, einen Weg zu finden, der unser eigenes Wohl mit dem der Allgemeinheit verbindet. Hilfestellung bietet dabei der Sozialphilosoph Jeremy Bentham (1748–1832), der den Utilitarismus, also die Frage, was dem eigenen Unternehmen nutzt, immer auch am Allgemeinwohl misst. Und selbst der Liebling der Wirtschaftsliberalen, Adam Smith, verlangte die »Mindestrücksichtnahme« und nicht das aggressive Gewinnstreben um jeden Preis! Der kurzfristige Sieg sei zwar verlockend, sichert aber keine Nachhaltigkeit! Hilfreich ist also ein »weitsichtiger Egoismus« – eine Denkfigur, derer sich der Utilitarismus, der Kommunitarismus, die kooperative Ethik und andere Denkweisen bedienen –, er verbindet die eigenen Interessen mit dem Gedanken der Nachhaltigkeit. Auf diese Weise kommt der weitsichtige Egoismus dem Altruismus sehr nahe, weil er die allgemeinen Interessen berücksichtigt.

In diesem Buch geht es also nicht um die Förderung eines tumben Ellenbogenkarrierismus. Ich möchte Sie unterstützen bei der Durchsetzung guter Ziele, also von Zielen, die im Sinne des Unternehmens, seiner Mitarbeiter *und* Ihrer Interessen sind – auch gegen den Widerstand Dritter, denn zu viele gute Ideen und Projekte bleiben auf der Strecke, weil sie von Blendern und Fortschrittsbremsern blockiert werden! Gute Ziele mehren nicht nur den persönlichen Einfluss und das individuelle Vermögen. Sie steigern auch den Einfluss und das Vermögen des Unternehmens und der Mitarbeiter: Das ist win-win in Reinkultur, und diese Durchsetzungsstärke kann man lernen.

Sich mit Power in der Wettbewerbsgesellschaft durchboxen, um Gutes zu tun, das ist ein vielversprechendes Ziel! Ihr Einsatz: die Bereitschaft, konfrontativ zu handeln. Das bedeutet, dass Sie sich mit Ihrer natürlichen Aggression beschäftigen müssen, denn die positive Aggression ist das Kraftwerk in Ihnen, das Ihnen erst Mut macht, sich gegen Widerstände durchzusetzen!

Das sollten Sie sich merken: Positive Aggression ist das Kraftwerk im Menschen, das Durchsetzungsstärke erst freisetzt! ■

Gemeint ist damit natürlich nicht der Schlag ins Gesicht des Gegenspielers, sondern das, was in der Psychologie unter Sublimierung verstanden wird. Auf Deutsch: die Umsetzung aggressiver (und sexueller) Energie in wirtschaftliche, kulturelle und soziale Leistung! Daher überrascht es nicht, dass verantwortungsvolle und erfolgreiche Menschen ihren wirtschaftlichen Aufstieg und privaten Wohlstand mit kulturellem Sponsoring und sozialen Stiftungsgründungen verbinden. Es geht bei der Sublimierung um die Aktivierung der brachliegenden, natürlichen, moralisch gerechtfertigten aggressiven Kräfte, die Mut machen, persönliche Grenzen zu überschreiten. Kurz gesagt: Positive Aggression fördert die in der Berufswelt so geschätzten pro-aktiven Verhaltensweisen!

Man kann Aggressionen nicht verleugnen, vollständig unterdrücken oder gar abschaffen. Sie gehören zur Grundausstattung des Menschen und haben eine wichtige Überlebensfunktion. Es kommt darauf an, wie man mit seinen Aggressionen umgeht, wie man sie einsetzt: auf konstruktive oder destruktive Weise. Die Wissenschaftlerin Claudia Heyne betont, dass konstruktive Aggressionen eine Voraussetzung für Konflikt- und Durchsetzungsfähigkeit sind. Bitte vergessen Sie nicht: Aggression ist in diesem Sinne zunächst einmal ein wertfreies Potenzial an Energie und Aktivität, das sich nur unter ungünstigen Umständen in Gefühle und Impulse destruktiver Qualität verwandelt!

Bevor wir uns den konstruktiven Möglichkeiten der Aggression zuwenden, werden wir uns zunächst genauer ansehen, was Aggressionen überhaupt sind.

Aggressionen – überlebenswichtig oder Teufelszeug?

Über Aggressionen spricht man nicht gern. Sie sind ein Tabuthema – zumindest wenn es um die eigenen Aggressionen geht. Dass andere aggressiv sind – keine Frage, doch man selbst? Darüber schweigt jeder lieber. Aber was versteht man überhaupt unter Aggressionen? Und woher kommen diese heftigen Emotionen?

Seit Jahrhunderten fragen sich Theologen, Philosophen, Pädagogen und Psychologen, ob der Mensch von Natur aus gut ist und ihn nur die widrigen Lebensumstände zum Mörder, Sadisten oder Tyrannen machen, oder ob er böse geboren wird und nur die Kultur ihn dazu bringen kann, nicht über seinesgleichen herzufallen. Die Frage, ob »der Mensch des Menschen Wolf« (Thomas Hobbes) oder Schaf ist, ist nur die zugespitzte Formulierung eines der grundlegenden Probleme des Denkens in der westlichen Welt: »Was ist der Mensch?« Ist er seinem Wesen nach böse und verderbt, oder ist er seinem Temperament nach gut und fähig, sich zu vervollkommnen? So fragt der Sozialphilosoph Erich Fromm in seinem wunderbaren Buch *Die Seele des Menschen.*

Diese Frage wird heute im Allgemeinen mit einem »Sowohl-als-auch« beantwortet. Schon auf der Neugeborenenstation begegnen uns introvertiert-passive und sehr aktive Babys voller Lebensenergie. Ob diese Babys zukünftig ihr genetisches

Mehr an Power einsetzen werden, um eine Firma zu leiten und Arbeitsplätze zu schaffen oder sich als Chefs einer Hooligan-Gang beziehungsweise im kriminellen Milieu verdingen, das ist eine sozial-erzieherische Frage und ein Problem des zukünftigen Werteverständnisses des Heranwachsenden. Biologie, Ethik und gesellschaftliche Einflüsse gehen hier Hand in Hand!

Fakt bleibt, dass Aggression ein Phänomen ist, das uns überall begegnet: Jeder Mensch in jeder Kultur verfügt darüber, vom Neugeborenen, das – nicht böse gemeint – die Brustwarze der stillenden Mutter traktiert (die Wissenschaft spricht von inzidenteller, also zufälliger Aggression), bis zum bettlägerigen Greis, der sein Umfeld tyrannisiert (feindselige Aggression).

Geben Sie sich nicht dem Irrglauben hin, dass Sie vielleicht gar nicht aggressiv sein können. Vielleicht lehnen Sie Aggressivität ab, vielleicht finden Sie den Begriff zu martialisch, zu primitiv. Dennoch ist es wissenschaftlich nicht zu leugnen, dass auch die Friedliebendsten unter uns über Aggressionen verfügen. Libido und Thanatos, Liebesfähigkeit und die Fähigkeit zu zerstören, sie stecken in uns allen!

Vom Guten des »Bösen« – der Sinn der Aggression

Die bekannte Psychoanalytikerin Margarete Mitscherlich betont: Aggressionen »gehören zur Grundausstattung des Menschen und führen nicht nur zur Destruktion, sondern haben auch eine Überlebensfunktion«.

Dabei gibt es kein »Aggressionsgen«, das die Biologen identifizieren könnten und dessen Entnahme zu einem Mehr an Friedfertigkeit führen würde. Der Versuch, Aggression biologisch zu orten, bleibt gegenwärtig Utopie; vielmehr gibt es ein faszinierend enges Zusammenspiel der psychischen und physischen Seite der Aggression: Aggression und ihre körperlichen Reaktionen wie Schweißausbrüche, hohe Pulsfrequenz und der Verlust psychischer und körperlicher Kontrolle setzen immer eine Feindseligkeitswahrnehmung voraus. Erst, wenn jemand seine Umwelt als ihm übel gesinnt wahrnimmt, werden aggressive körperliche Reaktionen als Selbstschutz und aus territorialen Verteidigungsgründen freigesetzt. Die Reaktionskette lautet:

Feindseligkeitswahrnehmung → Gefahr → körperliche Stressreaktion → aggressive Gegenwehr (oder Flucht)

Diese Feinseligkeitswahrnehmung ist von Mensch zu Mensch höchst unterschiedlich, abhängig von seiner Ängstlichkeitsskala von »furchtlos« bis »schüchtern«. Die Ausprägung unserer Feindseligkeitswahrnehmung ist kraftvoll und lässt uns innerhalb von Sekunden vom Romantiker zum Kämpfer mutieren. Nehmen wir als Beispiel eine romantische und gar nicht bissige Situation eines meiner Studenten in Paris:

Beispiel: Paris, Stadt der Liebe, in der Abendstimmung, ein guter Rotwein und die Liebste im Arm unter der Brücke an der Seine – einfach schön. Keine Spur von Aggression, sondern Zärtlichkeit pur.

Doch das ändert sich plötzlich, denn meinem Studenten fällt ein Satz aus meiner Kriminologie-Vorlesung ein: »Serienmörder haben ein Faible für großstädtische Reviere.« Plötzlich hört unser romantischer Student ein Rascheln, etwas bewegt sich in der Dunkelheit. Er kann es nicht orten; Angst überschwemmt ihn. Da ist es wieder, das Geräusch! Panik kommt auf. Er lässt das Weinglas fallen, reißt seine Liebste hoch und schreit »Lauf, lauf!«

Gleichzeitig greift er nach einem dicken Holzknüppel, gibt ihr beim Laufen Rückendeckung und ist gewaltbereit, den vermeintlichen Angreifer niederzuschlagen – aber da ist gar nichts ...

Die Seine fließt, die Sonne geht langsam unter, und es kommt kein Serienmörder. Alles Einbildung, aber eine Feindseligkeitswahrnehmung, die ihn in absolute Kampfbereitschaft versetzte! (Gut, das nicht zufällig ein Jogger des Weges kam – der hätte die Prügel meines Studenten wohl kaum nachvollziehen können ...)

Der renommierte Psychologe Friedrich Dorsch geht in seinem naturwissenschaftlich-psychologischen Wörterbuch auf diese individuellen Reaktionen ein, wenn er von (aggressivem) Stress spricht: Im organischen Sinne sei das jede Belastung, »die als solche erlebt wird«, abhängig davon, ob man etwa eine verrohte oder hypersensible Psyche aufweist. So irrational die Reaktion des Studenten im Nachhinein auch sein mag, sie weist uns auf den zentralen Aspekt des Aggressionsmechanismus in der Psyche hin, nämlich den Schutz. Wann immer sich die Nackenhaare sträuben, Furcht in uns hochkriecht, die Anspannung und damit auch die Aggressionsbereitschaft steigt, dann sollten wir diesem Frühwarn-System folgen: Es warnt uns vor möglichem drohenden Ärger, dem wir jetzt noch durch Flucht oder Gegenwehr gezielt begegnen können.

Meine Empfehlung: Folgen Sie diesem seismografischen Gespür lieber einmal zu viel!

■ Aggressionen sind beeinflussbar!

Die Gewaltbereitschaft von Menschen kann mit Anti-Aggressivitäts-Trainings® reduziert werden. Eine Vielzahl von Behandlungs- und Therapiemodellen belegen das (mehr dazu unter www.prof-jens-weidner.de). Man kann aber auch im Gegenzug die *positive Aggression fördern*, und genau das ist für Menschen empfehlenswert, die durchsetzungsstärker werden wollen. Wer lernt, nicht mehr alles hinunterzuschlucken, wer lernt, »Nein!« zu sagen, der wird von anderen stärker respektiert, und er tut auch etwas für seine Gesundheit, denn er baut dabei auch Tendenzen ab, sich durch zu große Nachgiebigkeit selbst zu schädigen.

Der Schlüssel liegt bei beiden Methoden in der Seele des Menschen: Bei Anti-Aggressivitäts-Trainings® wird versucht, im Täter Mitgefühl für sein Opfer zu wecken. »Einmassierung des Opferleids« in die Seele des aggressiven Täters, nennt es der amerikanisch-österreichische Pädagoge Fritz Redl. Einfach formuliert: Täter haben häufig Spaß an der Gewalt, weil sie sich an ihren Opfern abreagieren können und damit ihr Selbstbewusstsein aufpolieren: Aggression gibt ihnen das Gefühl von Stärke und Macht. Ein Täter formulierte mir gegenüber sogar, er fühle sich »Gott gleich«, eben als Herr über Leben und Intensivstation.

Diesen Spaß an der Gewalt gilt es den Tätern zu verderben, zum Beispiel durch die intensive Konfrontation mit dem Opferleid in sechsmonatigen Programmen mit mehrstündigen Konfrontations-Gruppensitzungen (auf dem »Heißen Stuhl«), in denen der aggressive Gewalttäter ins Kreuzfeuer der Kritik genommen wird, bis er bereit ist, über das Leid nachzudenken, das er anderen Menschen zugefügt hat. Täter, die das Leid von Opfern nachempfinden lernen und empathisch werden, verlieren den Spaß an der Gewalt und entwickeln Schuld- und Schamgefühle. Das ist wichtig für den Opferschutz, denn Schuld- und Schamgefühle sind die Bremse, die bei zukünftigen Gewaltimpulsen gezielt betätigt werden kann und weitere

Gewaltausbrüche verhindert! »Konfrontation als Hilfe« lautet das professionelle Schlagwort, das Aggressive zum Umdenken bewegen kann.

Nehmen wir noch ein Beispiel aus dem privaten Jugendinternat für Gangschläger in den USA, in dem ich das Konfrontieren lernte:

✗ Beispiel: George, ein muskulöser, groß gewachsener Jugendlicher, ist erst seit zwei Stunden in der Einrichtung. George stammt aus Baltimore und war *leader* einer dortigen Vorstadtgang. Körperlich imposant, pfeift er seine neuen Zimmernachbarn an: »Glotzt nicht so blöd, ihr Arschlöcher!« Mike, ein ruhiger Jugendlicher, fühlt sich beleidigt. Er fordert George auf, sich zu entschuldigen. George fixiert den körperlich Unterlegenen: »Leck mich am Arsch, Bastard, in Baltimore landet so was wie du im Hafenbecken!« Darauf Mike: »Du drohst mir, Mann, das ist ein Fehler, ein ganz verdammter Fehler!« Mittlerweile stehen vier Jugendliche um den muskulösen Neuling und kritisieren: »Was bildest du dir ein? Du hast mir, uns allen, unsere Würde genommen!« Oder: »Ich fühle mich nicht respektiert von dir!« George irritiert diese Situation: »Spinnt ihr hier alle? Was wollt ihr? Verpisst euch!« Er fühlt sich jetzt auch eingeengt, denn nun stehen schon ein Dutzend Jugendlicher im Halbkreis um ihn herum. Im Rücken hat er die Wand und die Jugendlichen beginnen leise zu schimpfen: »George, was bildest du dir ein, was spielst du dich so auf? Wer bist du schon, du Frischling? Ich sag es dir: ein Niemand, du hast hier keinen Status, keine Freunde, bist elendig allein. Wenn du beißen willst – das ist hier nicht angesagt, damit liegst du völlig daneben!« Und: »Stell dich erst mal vernünftig hin und nimm die Hände aus der Hosentasche, wenn du mit uns redest!« Mittlerweile sind fast zwanzig Jungen um George versammelt. Sie reden auf ihn ein: laut, leise, freundlich, boshaft, ein 15-minütiges verbales Konfrontationsgewitter. George ist nun sichtlich verspannt und nervös. Er versteht diese Welt nicht: In seiner Gang wäre die Sache ganz anders abgelaufen, da hätte es schon längst Schläge gehagelt. Ein Mitarbeiter beendet die Konfrontation: »George, du hast es in wenigen Minuten geschafft, alle gegen dich aufzubringen. Mit Entschuldigungen ist hier nichts mehr zu machen. Wir wollen dich hier nicht haben. Du hast alle beleidigt. Hol deine Klamotten und geh!«

Mit Koffer und Plastiktüte verlässt George den Gruppenraum, vorsichtig und verwirrt. Er wird in ein anderes Gemeinschaftshaus gebracht. Dort begrüßt ihn der Wohngruppenbetreuer Tony, der telefonisch vorinformiert wurde: »Du hast ziemlichen Ärger gehabt, Mann. Nun bist du hier. Das andere vergessen wir. Schau dir unseren Laden erst einmal in Ruhe an, bevor du auch hier wieder Stress machst. Vor allem: Sei erst einmal herzlich willkommen!« Dabei haut Tony ihm kräftig kumpelhaft auf den Rücken. George ist schon wieder irritiert, wenn auch etwas erleichtert. Eines hat er schnell gelernt: Mit seiner Härte-Show ist hier wenig auszurichten.

Programme zur Förderung positiver Aggression laufen andersherum: Hier wird versucht, die moralische Hemmung, sich durchzusetzen, abzubauen und stattdessen den lustvollen, sportlichen Ehrgeiz am Wettbewerb zu fördern, gerade auch im Umgang mit Ellenbogenkarrieristen und substanzlosen Blendern!

Ansatzpunkt für diesen Veränderungsprozess zur positiven Aggression ist auch hier das Bewusstsein, die Einstellung im Kopf der Trainees. Programme zur Förderung der Aggression zielen nicht auf die physische Ebene, sondern versuchen kognitive Barrieren und Hemmungen abzubauen, hinter denen man seine Konfliktscheu gerne versteckt. Sie wollen den Teilnehmern sozusagen den psychologischen »Segen« geben, positiv-aggressiv agieren zu dürfen, um gute Ziele durchzusetzen. Im Gegensatz zur normalen Aggression geht es nicht um den eigenen Schutz bei Feindseligkeitswahrnehmungen, sondern um die geistige Aktivierung der eigenen Vorstellungskraft, nämlich darum, hemmende Job-Strukturen zu durchbrechen.

→ **Das sollten Sie sich merken:** Bevor ich den Durchbruch schaffe, muss ich mir den Durchbruch vorstellen und zutrauen können! ∎

Dieses Zutrauen, dieser Glaube an sich selbst, kann durch Trainings-Programme unterstützt werden.

Die Grundformen der Aggression

Aggression ist nicht gleich Aggression – ihre vielfältigen Erscheinungsweisen reichen vom Schimpfen bis zum Verhöhnen, vom Schlagen bis zum Pistolenschuss, vom Beinstellen bis zum Bombenwerfen, von gereizter Patzigkeit bis zum Links-liegen-Lassen – so der renommierte Aggressionsforscher Ernst Nolting. Ob sich die konstruktive Energie der Aggression in destruktives Verhalten wandelt, hängt davon ab, ob eine Situation als bedrohlich empfunden wird.

Aggression im wirtschaftlichen Wettbewerb tritt in der Regel als Reaktion auf eine wirkliche oder auch nur vermutete Minderung der eigenen Macht in Erscheinung. Und vor Machtminderung haben in dieser Hochtempozeit viele Business-Leute zu Recht Angst. Kein Wunder also, dass die Maxime heute lautet: schneller sein, auch: aggressiver sein.

Wer sich seines eigenen destruktiven Potenzials nicht bewusst ist, kann eine Gefahr für jede Gesellschaft und für jedes Unternehmen werden. Um uns selbst und andere besser kennen zu lernen, wenden wir uns nun den vier Klassifikationsgruppen der Aggression zu, um die unterschiedlichen Formen und Ausprägungen – zugespitzt auf die Berufsrealität – identifizieren zu können. Man unterscheidet:

- die explizit destruktive Aggression,
- die explizit negative Aggression,
- die implizit destruktive Aggression und
- die implizit negative Aggression.

Die explizit destruktive Aggression

Diese Durchsetzungsform hat die physische Verletzung oder sogar den Tod des Gegenspielers zum Ziel. Dazu zählen der Kauf von Auftragsschlägern, die »dem Feind« eine Abreibung verpassen sollen, oder Schüsse auf Enthüllungsjournalisten, die Existenzgefährdendes ans Licht zerren. Meist handelt es sich hier um Aktivitäten im kriminellen (Wirtschafts-)Milieu, egal ob es um zwielichtige Russland-Geschäfte geht oder um Bestechungsversuche in der deutschen Baubranche. Der Begriff der organisierten Kriminalität findet hier seine Berechtigung. Hintergrund für derartige Übergriffe können nicht erfüllte Schmiergeldzahlungen sein (neudeutsch sprechen die Empfänger vom Beratersalär oder Honorierung ihrer »Landschaftspflege«) oder das Aufdecken ebensolcher Überweisungen. Meist sind die Täter in ihrer Existenz gefährdet oder einfach habgierig und – bei Entdeckung ihrer Machenschaften – von Haftstrafen bedroht. In dieser Logik erscheinen ihnen ihre Angriffe als letztes Mittel gerechtfertigt, um sich zu verteidigen:

Die Folgen dieser brutalen Angriffsform erlitt etwa eine süddeutsche Unternehmerin. Ihr Privathaus wurde in Brand gesetzt und sie selbst eines Nachts mit einem Würgedraht überfallen. Unklar dabei ist, ob diese Taten (die bis heute nicht aufgeklärt werden konnten) von der Konkurrenz in Auftrag gegeben wurden, die sich durch den Erfolg der Unternehmerin existenziell bedroht sah. Das unfreiwillige Lernprogramm für das Opfer: Leben mit der Angst und mit einem kostspieligen Bodyguard. »Erfolg = Bedrohung«, so die nüchterne Bilanz der Dame.

»Würden Sie einen Auftragskiller engagieren, wenn Sie wüssten, dass ein Konkurrent Ihre wirtschaftliche, soziale, familiäre und gesellschaftliche Position zerstören will?«, fragte ich eine Gruppe von erfolgreichen Geschäftsmännern – die Reaktionen wurden natürlich anonymisiert. Spontan antwortete ein 56-jähriger Topunternehmer mit »Ja!« Er würde sich sein Lebenswerk nicht so einfach zerstören lassen! Er erntete dafür eine verblüffende Kritik von drei anderen Spitzenkräften: Sie erregten sich allerdings nicht über seine Bereitschaft zur Brutalität, sondern über seine Feigheit, nicht selbst Hand anzulegen!

Die explizit negative Aggression

Diese Aggressionsform setzt auf die psychische Zermürbung des Gegners: Durch Drohungen, Telefonterror, permanente Überwachung soll beim Opfer ein unangenehmer psychischer Zustand hergestellt werden. Für die Täter spielt eindeutig eine sadistische Komponente mit hinein, er genießt die Qual seines Opfers. Psychoterror entfaltet seine zerstörerische Wirkung erst durch die ständige Wiederholung. Erst das zermürbt das

Opfer. Mobbing beziehungsweise Bossing – die Führungskräftevariante dieser Form des Psychoterrors – gehören eindeutig zu diesem Aggressionstyp. Mobbing gilt als Grund für fristlose Entlassungen, und das ist gut so. Dennoch ist diese Aggressionsform verbreitet und schwer nachweisbar. Es beginnt zum Teil harmlos mit irrationalen Gerüchten und endet in massiven Bedrohungsszenarien. Mobber verfolgen das Ziel, den Gegenspieler (von »Opfern« sprechen Mobber nie) dauerhaft zu verunsichern, zu ängstigen und psychisch zu verletzten.

Beispiel: Prominentes und historisches Polit-Beispiel wurde der ✗ unselige Chef der Hamburger Schill-Partei, Ronald Schill, der dem Ersten Bürgermeister der Hansestadt mit dem Outing seiner Homosexualität drohte, falls dieser Schills politischen Forderungen nicht nachkäme – ein Skandal, der den Mobber den politischen Kopf kostete.

Mobbing entfaltet seine zerstörerische Wirkung über die Zeitschiene, also die andauernde Wiederholung. Das zermürbt das Opfer, im schlimmsten Fall führt es bis zur so genannten »tertiären Viktimisierung«, in der das Opfer aus lauter Verzweiflung die Bedrohungen als »gottgewollt« in sein Selbstbild übernimmt oder als »geborenes Opfer« in eine völlige Passivität verfällt. Den Tätern ist das egal, Mitleid darf man von Mobbern nicht erwarten. Sie haben ihr Ziel erreicht. Und das lautet: Schwächung des Gegners! Sollten sie aber erwischt werden und sich für ihr Handeln öffentlich im Unternehmen verantworten müssen, beginnen Mobber eine ganz bestimmte Variante des Mitgefühls zu zelebrieren: das Selbstmitleid. Man sollte nicht zu viel darauf geben.

Die implizit destruktive Aggression

Diese Aggressionsform akzeptiert die Zerstörung Dritter als nicht gewolltes, aber notwendiges Nebenprodukt. Ökonomischer, sozialer, wissenschaftlicher oder künstlerischer Erfolg um jeden Preis – das ist kein seltenes Phänomen: Steuerbetrügereien gelten fast als Volkssport. Nachwuchswissenschaftler fälschen Forschungsergebnisse, um zu Ruhm zu gelangen – auch auf die Gefahr hin, dass ihnen die Promotion zu einem späteren Zeitpunkt wieder aberkannt wird. Der Versuch reizt, weil er schnellen Lohn und Ruhm verspricht. Seriös und nachhaltig ist das nicht.

Vom Konkurs bedrohte Unternehmer nehmen gar den indirekten Tod Unbeteiligter in Kauf (»Ich wollte die Arbeitsplätze in unserer Gemeinde erhalten«), wenn sie mit gefälschten Papieren Mülltransporte zu illegalen Mülldeponien organisieren – auf denen sich später spielende Kinder vergiften werden. Groß angelegte illegale Rindfleisch-Exporte in die Europäische Gemeinschaft zählen ebenso dazu wie illegale Waffenlieferungen an so genannte »Schurkenstaaten« oder Giftgastransporte beziehungsweise Fabrikteillieferungen durch Deutsche nach Libyen:

✗ Beispiel: Gaddafis Sohn brachte es auf eine sehr pragmatische Art auf den Punkt: »Wir mögen die Deutschen. Die haben uns geholfen.« Ein zweifelhaftes Kompliment!

Die implizit negative Aggression

Auch diese Aggressionsform zielt auf den wirtschaftlichen Erfolg. Ein unangenehmer Zustand des Mitbewerbers wird als in Ordnung empfunden. Beispiele dafür sind die typischen Machtkämpfe auf der Topebene (Leadership Struggles) – in den neunziger Jahren von Jürgen Schrempp und Helmut Werner bei Mercedes präsentiert. Und diese Machtkämpfe werden genossen. »Wer ist Werner?«, fragte Schrempp beispielsweise nach seinem Sieg die verdutzten Reporter. Diese Aggressionsform gehört zum Lieblingsmachtspiel der Wirtschaftselite. Von der Liebe zur strategischen Halblegalität wird lustvoll-schelmisch gesprochen. Ein Stahlmanager nannte in einem meiner Seminare diese subtile Aggressionsform verklausuliert seinen »kreativen Interpretationsrahmen auf dem Weg nach oben«. Er illustrierte diesen Rahmen mit dem Begriff der »feindlichen Übernahme«, mit dem er einem finanzschwächeren und zunächst wenig kooperationsbereiten Mitbewerber drohte, bis dieser schließlich einlenkte und nachgab. Unser Manager sprach von einem »wirklich schönen, fast kreativen Bluff«, was niemanden überraschen wird, der die private Pokerleidenschaft dieses Mannes kennt!

Formen der Aggression im Berufsalltag

Diese vier Grundgruppen führen zu sechs konkreten Formen des Handelns im Geschäftsalltag – und fünf davon sind karriere- und geschäftsschädigend. Diese fünf sollen uns zunächst intensiver beschäftigen. Es handelt sich um die

- spontane Aggression
- Frustrationsaggression
- Rachsucht
- kompensatorische Aggression
- Autoaggression

Spontan, unkontrolliert, cholerisch?

Die spontane, unkontrollierte, fast cholerische Aggression ist der schnelle, emotionale, nicht sehr überlegte Schuss aus der Hüfte, der mehr kaputtmacht als hilft und für den man sich in der Regel am nächsten Tag entschuldigen muss. Der wichtige Kommunikationssatz »Erst denken, dann reden« ist Vertretern dieser Handlungsweise fremd. Die spontane Aggression disqualifiziert Mitarbeiter und Führungskräfte, denn sie wirken überfordert und aufgeregt. »Die haben sich nicht im Griff«, bleibt bei Freund und Feind hängen. Ihr Verhalten ist zwar zutiefst menschlich, aber unentschuldbar und peinlich. Entsprechend gelten die Spontan-Aggressiven als völlig ungeeignet für jedes strategische Vorgehen. Man muss ihnen sogar untersagen, an Meetings teilzunehmen, bei denen es um etwas geht, weil ansonsten die Gefahr besteht, dass sie einfach drauflos reden und alles mit ihren Worten einreißen, was an diplomatischen Feinheiten aufgebaut worden war. So hart es auch klingen mag: Hier hilft nur die zeitlich begrenzte Aussperrung.

Trotz dieser negativen Auswirkungen ändern sich spontanaggressive Menschen nur ungern, denn der Genuss ist groß, den eigenen Frust bei anderen abzulassen. Besonders Führungskräfte glauben, dass ihr Leitungsstatus ihnen ein derartiges Benehmen zubilligt – ein Irrglauben, der sich in der Regel durch eine hohe Mitarbeiterfluktuation ausdrückt, denn Arbeit und Kreativität fördernd ist dieser cholerische Persönlichkeitszug nun wirklich nicht. Untersuchungen der Unternehmensberatung *Kienbaum* zeigen, dass Firmen, in deren Chefetagen mehrere Neurotiker für ein problematisches Betriebsklima sorgen, über bis zu 6 Prozent weniger Umsatzrendite verfügen.

Frustrationsaggression

Die Grundlage der Frustrationsaggression ist immer ein unbefriedigter Wunsch nach nicht erreichter Größe und Macht. Sie ist der untaugliche Versuch, sich aggressiv zu verschaffen, was einem von Dritten vorenthalten wurde. Diese Aggressionsform findet sich bevorzugt bei dissonanten Persönlichkeiten, deren Berufsrealität hinter dem selbst gesteckten Idealbild hinterherhinkt.

Beispiel: Ein Beispiel ist der hoch begabte Chemiker, der vergeblich darauf hofft, dass die Vorgesetzten endlich seine breit gefächerten (Führungs-)Qualitäten erkennen, ihn aus dem Laborleben befreien und in elitärere Zirkel katapultieren, wenigstens aber zum Leiter des Forschungslabors bestellen.   **✗**
Aber nicht einmal das geschieht. Das hängt auch mit dem Selbstmarketing des Mannes zusammen, denn er hat seine Ambitionen bis dato niemandem verraten, und von alleine kommt keiner seiner Chefs darauf. Der Mann leidet unter dem so genannten »Dornröschen-Syndrom«: Er möchte in seiner Qualität von der Leitung erkannt und – um im Bild zu bleiben – »wachgeküsst« werden, ohne dass er selbst die Werbetrommel für sich rühren muss. Aber das macht niemand, denn man ist ja mit ihm im Labor sehr zufrieden, weil er dort den Laden schmeißt. Seine hervorragenden Laborleistungen führen dazu, dass seine Chefs seinen Status zementieren: »Never change a winning team!« Diese Berufsrealität nagt an seiner Psyche und er ist nicht in der Lage, selbstständig Anstöße zu geben. Das frustriert.
Aber dieser Frust ist selbst- und hausgemacht, denn ein wenig extrovertierte Positionierung hätte hier Wunder wirken können: Durch eine klare Ansage hätte unser Mann seine Kar-

rierechancen deutlich erhöht, denn man hätte ihn nicht mehr ignorieren können. So aber bleibt nur Frust, der sich mit der Zeit wie ein zäher Schleier über seine Seele legt und zu einer negativen, griesgrämigen Nörgel-Attitüde führt, die alle Mitarbeiter nervt, ihn isoliert und sicher eines verdeutlicht: Für zukünftige Leitungsaufgaben ist dieser Chemiker ungeeignet.

✗ Beispiel: Wenn Sie so einen Mann in Ihrer Abteilung haben und ihm nicht zur Karriere verhelfen wollen, weil er Sie so herrlich entlastet, dann sollten Sie wenigstens seine wahren Qualitäten anerkennen und loben. Das tut seiner gequälten Seele gut, und der Mitarbeiter wird Ihnen – wegen dieser direkten Zuwendung – stets treu ergeben bleiben. Was wollen Sie mehr?

Dass die Frustrationsaggression für die Mitmenschen auch schöne Konsequenzen haben kann, zeigt ein erfolgreicher, bewunderter mittelständischen Unternehmer aus der Provinz. Der bietet Leiden auf hohem Niveau – was wiederum ganz gut zu ihm passt:

✗ Beispiel: Er grämt sich über sein Leben im ländlichen Abseits, wäre lieber Konzernchef (was er einmal versuchte, aber nicht schaffte) und ärgert sich darüber, dass er weder von der *Wirtschaftswoche* noch von anderen ökonomischen Publikationen wahrgenommen wird. Obwohl größter Arbeitgeber in der Region und trotz Anerkennung durch Provinzverwaltung und -politik, bleibt ihm die erschütternde Gewissheit: »Ich bin nur zweite Liga.«

Der Unternehmer ist darüber frustriert, ohne sich aber in aggressive Konsequenzen zu ergießen. Er wendet seinen Frust positiv in Richtung Kreativität: Kulturorganisation (»Ich hole den Domingo«) und Mäzenatentum sind die Folge. Auch eine Stiftungsgründung wirkt Wunder: Die gewünschte Größe erhält er dann eben außerhalb der Wirtschaft, zur Freude der kulturell oder sozial antizipierenden Mitmenschen. Die Hoffnung stirbt zuletzt: In unserem Fall brachte wenigstens das Feuilleton der *Frankfurter Allgemeinen Zeitung* eine Randnotiz.

Das sollten Sie sich merken: Frustration, positiv gewendet, kann viel Gutes auslösen! ■

Rache an der Vergangenheit!

Rache ist der irrationale Versuch, Geschehenes rückgängig zu machen. Rachsüchtig aggressive Menschen sind unerträglich. Sie verteidigen sich nicht in einem Kampf, denn die erlittene Gemeinheit ist schon längst geschehen. Sie gehört eigentlich der Vergangenheit an. Man sollte sie als Niederlage ad acta legen, sich nicht weiter darum kümmern und sich natürlich vornehmen, den urhebenden Fiesling zukünftig nicht zu fördern.

Dieses Vernunfthandeln reicht dem rachsüchtigen Zeitgenossen allerdings nicht, denn der macht den irrationalen Versuch, durch seine Taten die Vergangenheit zu korrigieren. Er folgt dem *Lex talionis*, dem Prinzip »Auge um Auge, Zahn um Zahn«.

Beispiel: Ein unschönes Beispiel bietet ein Bauunternehmer. **X** Der erhielt nicht den erhofften staatlichen Auftrag, obwohl er »Büro-Sonderausgaben« des Dezernenten mitfinanzierte und eine Alarmanlage in dessen Privathaus mehr als kostengünstig installierte. Der Bauunternehmer entwickelt nun einen regelrechten Hass auf diesen bestechlichen Entscheidungsträger, der nicht einmal die Grundregel der prä-konventionellen Moral einhält, die recht simpel lautet: »Eine Hand wäscht die andere!« Die Rache des Übergangenen ist perfide: Mithilfe eines

Journalisten, den er instrumentalisiert, werden Gerüchte in die Welt gesetzt: Der Dezernent hätte eine Affinität zu kleinen Jungen. Der Bauunternehmer, seines Zeichens Freund moderner Popmusik kommentiert knapp »Das Gerücht habe ja schon bei Michael Jackson funktioniert«.

Nach zweimonatigen (Presse-)Spekulationen stellt sich zwar die pädophile Unschuld des Dezernenten heraus, seine angespannte Ehe schliddert jedoch nur knapp an der Scheidung vorbei, und im Lions-Club meidet man ihn seitdem dezent. In letzter Zeit klagt er über Herz-Rhythmus-Störungen. Unseren Unternehmer ficht das wenig an, denn aus seiner Sicht hat die Gerechtigkeit gesiegt. Mitleid hat er nicht, denn bei dem Auftrag ist es schließlich um seine Existenz und die Arbeitsplätze seiner Mitarbeiter gegangen!

Böses tun und sich gut fühlen: Die Kriminalsoziologie spricht hier von Neutralisierungs- beziehungsweise Rechtfertigungsstrategien, um Schuld- und Schamgefühle zu vermeiden: Die Rache war gerecht und notwendig, weil man selbst Schreckliches erlitten hat. Die Rechtfertigung des Unternehmers ist in diesem Fall von großer Schlichtheit: Das Opfer hat selber Schuld, der Dezernent hätte sich ja an die informellen und illegalen Absprachen halten können!

Der rachsüchtige Typus ist nachtragend, er vergisst nicht. Sein unangenehmes Lebensmotto lautet: Man trifft sich immer zwei Mal im Leben! Man sollte sich vor den Rachsüchtigen vorsehen: »Ich vergesse Kränkungen und Unkollegialität von anderen nie. Gegenüber solchen Mitstreitern mache ich bei allen Gelegenheiten Politik, oder klarer gesagt: Ich versuche sie auflaufen zu lassen und in die Pfanne zu hauen. Diskret, versteht sich«, so eine Führungskraft aus der Computerbranche.

Psychoanalytisch kann von einem Versuch gesprochen werden, die angeschlagene Selbstachtung wiederzufinden. Das geschieht leider mitunter auch auf Kosten unbeteiligter Dritter, wenn man etwa an zerstrittene Unternehmenserben denkt, bei deren Streit die Belegschaft zerrieben werden kann: Ohne Rücksicht auf den Fortbestand der Firma, ohne Rücksicht auf die Zukunftsängste der Arbeitnehmer wird um jeden Bleistift erbittert gekämpft, weil vorausgegangene persönliche Kränkungen den objektiven Blick verbarrikadiert haben. Dabei ist der Kampf mit harten Bandagen gerade vor diesem Hintergrund nicht zwangsläufig nötig, da professionelle Konfliktschlichter, so genannte Mediatoren, viel Elend reduzieren könnten, indem sie etwa die Angst vor dem gegenseitigen Übervorteiltwerden minimieren.

Hinter der rachsüchtigen Aggression steht häufig eine Enttäuschung über das Leben, vielleicht auch über die eigene missratene Lebensleistung. Oft handelt es sich um ein »anspruchsvolles Leiden«, das durch gezielte Aktivitäten wie einen »Seitenwechsel« zu relativieren wäre: Dabei erfahren Erfolgreiche das Leben der Gesellschaftsverlierer, indem sie es einige Wochen in der Obdachlosenbetreuung den Sozialarbeitern gleichtun. Das Gefühl des Übervorteiltwerdens bekommt danach eine völlig andere Bedeutung. Die Relationen verschieben sich wohltuend!

Bleibt aber die Enttäuschung, führt dies schnell zu einem heimlichen Lebenshass: Statt des Glaubens an Mitmenschen und ethische Prinzipien wird zur Prestige- und Statusjagd angesetzt. Als Führungskraft ist dieser Typus auf den ersten Blick verbissen zielorientiert (und damit ein echter Leistungsträger), aber am Fortbestand des Unternehmens nicht wirklich interessiert. Biss paart sich bei diesem Menschenschlag gerne mit Bosheit. Moralische Grundwerte fehlen. Vorsicht ist geboten, denn an Nachhaltigkeit sind diese Menschen wenig interessiert.

Minderwertigkeit gut kompensiert

Von dieser Sorte gibt es viele. Diese Zeitgenossen versuchen Minderwertigkeitsgefühle auszugleichen. Sie favorisieren Ersatzhandlungen, um sich ganz bewusst größer und wichtiger aufzublasen, als sie wirklich ist. Im Volksmund heißen sie »Blender«. Durchsetzungsstärke und Dominanz stehen bei ihnen als Ersatz für produktives Handeln. Viel Substanz haben sie nicht zu bieten, sodass selbst gesteckte Ziele durch Schwäche, Ängste oder Inkompetenzen verfehlt werden können. Aus diesen Fehlleistungen entsteht das innerliche Hadern mit sich selbst. Das innere Gleichgewicht – die Psychologie spricht vom homöostatischen Prinzip – wird gestört. Und diese Störung gilt es eben auszugleichen.

Kompensatorische Leistungsträger haben häufig ein hervorragendes Selbstmarketing und einen tollen Auftritt, die leider aber beide nicht mit Inhalt gefüllt sind. Diese Menschen wirken daher oft unberechenbar, stimmungsabhängig und sind mit einem großen Vergnügen am Misserfolg auch enger Mitarbeiter versehen. Gewalttäter sprechen in diesem Zusammenhang (wenn man mir diesen kriminologischen Vergleich erlauben mag) vom »Gesundstoßen am Leid der Opfer«. Die Aufgeblasenen empfinden diese Schadenfreude als Potenzersatz, eben als Ausgleich, als Kompensation.

Nerviger erscheinen die kompensierenden Zeitgenossen, die auf Statuserhöhung hoffen und sich fälschlicherweise als »Label Victims« bezeichnen – und dabei hoffen, dass man ihr Gucci-Täschchen, die Rolex oder die Flasche Veuve Cliquot identifiziert: »Ich trage teuer, also bin ich großartig!« Victims, also Opfer, sind diese Markenfetischisten allerdings nicht. Die Soziologie spricht hier präziser von den Wohlstandsverwahrlosten! Die materielle Kompensation ist substanzlos und verlangt nach stets schnellerer Befriedigung. Ein erfüllter Wunsch weckt zehn neue Ansprüche. Dieses sich immer rasanter drehende Karussell hat schon manchen an den existenziellen Rand katapultiert.

Die hässlichste Variante der Kompensierenden sind die Neo-Despoten, jene Hardliner, die den härter werdenden Wettbewerb ungebremst an die Mitarbeiter durchreichen. Sie versuchen sich über permanente Drohungen selbst zu erheben, anstatt ihrer Fürsorgepflicht gegenüber den Mitarbeitern gerecht zu werden. Wortfragmente wie »Leute wie Sie müsste man ...« begleiten ihren Arbeitsalltag. Diese empathieunfähige Managerspezies ist extrem leistungsorientiert, gepaart mit dem fast zwanghaften Wunsch, Mitarbeiter (und Familienangehörige) fest im Griff zu haben. Die Psychologie spricht bei dieser Führungsspezies im freudianischen Jargon vom »analen Charakter«, vom zwanghaften Handeln und Kontrollieren bis in Beruf und Familie hinein. Machtversessenheit bis zur heimlichen Fantasie, gottgleich zu sein, dient dem inneren Ausgleich. Im Job funktioniert das häufig aufgrund der Hierarchie.

Dieser Charakterzug gilt bei kulturkritischen Zeitgenossen übrigens als typisch deutsch und drückt sich in seiner volksnahen Variante als Schrebergarten-Mentalität, inklusive zwanghaftem allsamstäglichen Rasenmähen und Autowaschen aus!

Zurück zu den ökonomischen Zirkeln. Ein weniger feines, aber kriminologisch interessantes Beispiel für eine kompensatorische Aggression bietet ein Manager aus der Chemiebranche, den ich in Zürich kennen lernen durfte:

Beispiel: Dieser Manager ist sauer. Und zwar zu Recht, denn er hat einen siebenstelligen Auftrag gegen einen Konkurrenten verloren. Das ist bitter, aber verkraftbar, zumal unser Mann bei den letzten Aufträgen immer die Nase vorn hatte. Life goes on? Nicht bei unserem Mann, denn der leidet nicht nur unter

dem finanziellen Verlust, sondern vor allem unter einer persönlichen Niederlage, da ihm im Konkurrenzunternehmen
ausgerechnet sein alter Schulfreund/-feind den Auftrag weg-
schnappte.

Zur Vorgeschichte: Unser Mann stand schon in der Schule
– überflüssigerweise – mit diesem seinem Freund in Konkurrenz, daraus resultierte eine ambivalente Beziehung, die munter
zwischen Freund- und Feindschaft hin- und herpendelte. Nach
dem Abschluss machten beide ähnliche Karrieren in konkurrierenden Unternehmen, bis es zu diesem siebenstelligen Show-
down kam, bei dem unser Mann unterlag. Das konnte er nicht
wegstecken. Er sagte sich, dass diese Niederlage nach Ausgleich
lechze, den er sich auf eher ungewöhnliche Weise verschaffte:
Er zerkratzte – und jetzt wird es kriminologisch interessant
– in 25 Minuten neun Luxuswagen (Kriterium: Neupreis über
50 000 Euro) mit seinem Autoschlüssel während eines abendlichen Spaziergangs in einer österreichischen Großstadt. Seine
Begründung war verblüffend und kommt einem kognitiven
Purzelbaum gleich: »Weil mein Freund-Feind auch so einen
Wagen fährt.« Eine Stellvertreterstraftat. Und er fühlte sich
dabei so richtig wohl! Geschämt hat er sich nicht, zumal die
Nachwehen der Tat ihm drei Tage später ein geradezu euphori-
sches Hochgefühl vermittelten, als er in einer österreichischen
Tageszeitung einen Artikel über Jugendvandalismus an Luxus-
automobilen fand ...

Man sieht, Böses kann einem richtig gut tun, eine First-Class-
Kompensation. Wobei eines klar sein muss: Als Kriminologe
lehne ich das grundsätzlich ab! Übrigens war das Risiko erwischt zu werden für unseren Kompensator nicht unerheblich.
Auf meine Frage danach antwortete er irrational und jugendty-
pisch-omnipotent: »No risk, no fun!«

Autoaggression – Energien falsch ausgerichtet

Bei der Autoaggression – und die kommt bei aggressiv gehemm-
ten Menschen häufig vor – werden die aggressiven Energien
gegen den Empfindenden selbst gerichtet. Diese Menschen drücken sich vor anstehenden Konflikten, weil sie Angst vor Auseinandersetzungen mit Gegenspielern und Mitbewerbern haben.
Dies Phänomen tritt besonders bei so genannten Gutmenschen
auf, die ständig Harmonie und Teamgeist anmahnen, in Wirklichkeit aber nur die Konfrontation fürchten.

Der faule Kompromiss, der eigentlich Entscheidungsschwäche ist, wird nach außen als Konsensfindung und ausgleichende
Verhandlungsführung verkauft. Dem eigenen Team kann man
derartige Konsensheuchelei vielleicht noch wortgewaltig unter-
jubeln. Dem eigenen Körper und der eigenen Seele allerdings
nicht. Die spüren den Selbstbetrug und reagieren entsprechend:
Depressivität, starke Stimmungsschwankungen und Selbstzweifel, Angst, der Situation nicht gewachsen zu sein, quälen den
Autoaggressiven, der sich mit Cognac zu beruhigen versucht.
Auch Essstörungen wie beispielsweise Bulimie bieten sich als
(meist weibliche) Variante an.

Fakt ist: Die Aggression, die im Berufsleben unterdrückt
oder geleugnet wird und kein Ventil findet, führt häufig zur
Antriebsschwäche und Passivität oder sucht sich eben auf körperlicher Ebene einen Ausweg. Darunter leidet dann nicht nur
der Betroffene, sondern auch sein soziales Umfeld.

Das sollten Sie sich merken: Wir können unseren aggressiven
Potenzen nicht entfliehen! ■ ←

Autoaggression ist im Berufsleben mehr als kontraproduktiv.

Sie schädigt den Autoaggressiven wie die Firma gleichermaßen. Sie ist vor allem bei jenen ausgeprägt, die ihre eigene Aggression ausschließlich negativ besetzen, vielleicht weil ihnen von Kindesbeinen an eingeredet wurde, dass sie lieb, brav und hilfreich sein sollen. Es wundert nicht, dass gerade Mädchen diesem Erziehungspostulat besonders stark ausgesetzt sind – mit enormen Nachteilen im späteren direkten Wettbewerb mit Männern, denen man im Heranwachsen mehr Rohheit zubilligt. Die Sozialisationstheorie spricht hier von »geschlechtsspezifischen Verzerrungen«! Die so erzogenen Damen laufen Gefahr, ausschließlich konsens- und teamorientiert zu agieren. Für Konflikt- und Konkurrenzsituationen, wie sie im Berufsleben gang und gäbe sind, ist dieses Handlungsmodell zu wenig hilfreich. Es darf nicht ignoriert werden, dass man im Job in Hierarchien steckt, in denen das strategische Mit- oder Gegeneinander einen Teil der Normalität ausmacht. Autoaggression geht Hand in Hand mit Durchsetzungsschwäche. Die beschreibt der Personalchef eines international agierenden Lebensmittelkonzerns wie folgt: »Wir haben Topexperten. Aber wenn die eine Gruppe mit zwölf Leuten leiten sollen, versagen sie und kochen aus lauter Harmonie- und Konsensgedudel ihrem Team erst mal Kaffee. Die führen nicht, die wollen geliebt werden und werden deshalb nicht ernst genommen!«

Daher sollten zur Autoaggression neigende beziehungsweise zu liebe Mitarbeiter in Managementtrainings lernen, bissiger, enthemmter, autoritärer und weniger ängstlich zu werden. Sie brauchen sich nicht sorgen, dass sie danach über das Ziel hinausschießen und zu unangenehmen und fiesen Kollegen mutieren. Trainings geben nur einen Tritt in die richtige Richtung – und das auch nur dann, wenn der Seminarteilnehmer es zulässt! Den ganz Ängstlichen bleibt der Trost: Sollten sie den Bogen versehentlich doch einmal überspannt haben, können sie sich immer auch noch entschuldigen! Die Furcht, dass jemand nach einem derartigen Managementtraining ein schlechter Mensch wird, ist unbegründet, denn solche Trainings zielen nicht auf Persönlichkeits*veränderung*, sondern streben nur eine Persönlichkeits*ergänzung* an. Allerdings eine punktgenaue: eben die Peperoni-Strategie!

Wie oben erwähnt, handelt es sich bei diesen beschriebenen Formen der Aggression um Karriere- beziehungsweise Geschäftskiller. Sie zelebrieren Rücksichtslosigkeit und sind ethisch verwerflich. Zumindest die ersten vier rufen in kürzester Zeit die Staatsanwaltschaft auf den Plan. Daher: Finger weg, denn solche Strategien sind den vermeintlichen Sieg nicht wert. Sie sind nicht nachhaltig!

Bei aller Durchsetzungsstärke gilt es niemals zu vergessen: Werden Sie sich klar über Ihre persönlichen Werte und Ihr Leitbild, und orientieren Sie in jedem Fall Ihr Handeln daran. Behalten Sie stets das Gemeinwohl im Blick!

Unterstützt werden Sie dabei von einer Ausprägung von Aggression, die nicht nur gut für die Karriere, sondern auch wohltuend für Ihre Gesundheit ist. Darum widmen wir ihr ein ganzes Kapitel – der positiven Aggression.

Positive Aggression – Ihr konstruktives Potenzial

Ein unbewusster Umgang mit den eigenen Aggressionen kann schaden – und zwar auf der ganzen Linie: Sowohl die Karriere als auch die Psyche können durch den falschen Einsatz der aggressiven Energien zerstört werden. Die Gesundheit wird nachhaltig schwer geschädigt, Unternehmen drohen Millionenschäden.

Darum plädiert der renommierte Psychologe Fritz Riemann für die positive Aggression. Neben den strategischen Vorteilen im Beruf hilft der unverkrampfte, aber bewusste Umgang mit den eigenen aggressiven Anteilen außerdem, die eigenen Ängste besser in den Griff zu bekommen. Die gesunde und gekonnte Aggression, so Riemann in seinem Klassiker *Grundformen der Angst*, ist ein wesentlicher Bestandteil unseres Selbstwertgefühls, des Gefühls für die Würde unserer Persönlichkeit und für einen gesunden Stolz! Fakt ist: Wer seine positive Aggression nicht annehmen mag, wird größte Schwierigkeiten haben, sich in der Wettbewerbsgesellschaft zu positionieren. Wer hier den Kopf aus dem Fenster hält, muss den Gegenwind ertragen können – und dazu braucht man Biss. Positive Aggression ist – bei aller Rücksichtnahme und Teamgeist – der Schlüssel zum Erfolg. Die eigene Power aktivieren und ausleben, um Gutes zu tun: Gibt es etwas Schöneres und Konstruktiveres?

Ihr Einsatz, um das zu erreichen, ist Ihr Engagement gegen

den Verlust der natürlichen Aggression, denn die positive Aggression ist das Kraftwerk in Ihnen, das Ihnen erst Mut macht, sich gegen Widerstände durchzusetzen!

Wer sein Verhalten ändern möchte, muss auch gegen Kräfte in seinem Inneren (Moralvorstellungen, alte Erziehungsgrundsätze, gesellschaftliche Erwartungen) angehen. Doch es lohnt sich – und es dient einem guten Zweck: Die konstruktiv-strategische Aggression dient nicht der Zerstörung, sondern der Erhaltung, genauer: der Erhaltung dessen, was *man selbst* für wichtig erachtet. Die Grundlage ist dabei ein vernünftiges Kalkül: Was nützt gleichzeitig mir und dem Unternehmen. Der Zweck heiligt hier nicht die Mittel. Die Verhältnismäßigkeit der eingesetzten Strategien muss stimmen, und das Gemeinwohl bleibt bedeutend. Dass sich mit diesem Selbstverständnis sogar werben lässt, demonstriert der schillernde Trigema-Chef Wolfgang Grupp: »Ich stehe für jeden Arbeitsplatz gerade, Shareholder Value ist unmenschlich. Wie kann sich einer als erfolgreicher Manager feiern lassen, weil er die Aktienkurse in die Höhe treibt, aber gleichzeitig rücksichtslos die Menschen auf die Straße setzt?«

Gerade die moralischen Prinzipien, so die kognitionspsychologischen Ausführungen der Managementautorin Hedwig Kellner, machen den zentralen Unterschied zwischen positiver Aggression und Boshaftigkeit aus:

- Positiv aggressive Menschen kämpfen hart für ihre Interessen, aber sie streben keine Vernichtung Dritter an.
- Sie demütigen nicht unterlegene Gegner.
- Sie zollen ihnen Respekt.
- Sie vergessen nicht, wer ihnen in schweren Zeiten geholfen hat.
- Sie achten Fairness, Mitgefühl, Ehrlichkeit, Zuverlässigkeit und Seriosität.

- Sie setzen sich gegen Unverschämtheiten und Erniedrigungen zur Wehr.
- Sie legen Zivilcourage an den Tag, wenn es dem Unternehmen und den Mitarbeitern dient.

Das Persönlichkeitsprofil der konstruktiv Aggressiven

Erfolg hat, wer seine Aggression nicht unterdrückt, sondern sie gezielt zum Wohle des Unternehmens (und nicht nur zu seinem eigenen) einsetzt. Aggressionen, bewusst gehandhabt, sind Kräfte, die Mut machen, die einem die Energie geben, Grenzen zu überschreiten, Neuland zu betreten – eben innovativ zu sein!

Die Peperoni-Strategie unterstützt Sie, Ihre positive Aggression bewusst und konstruktiv einzusetzen. Durch konfrontative und provokative Techniken lernen Sie, gekonnt und souverän für Ihre Interessen einzustehen. Ganz nebenbei werden Sie auch Freude an strukturellen Machtspielen gewinnen und das strategische Geschick erwerben, Gegner, die Ihnen an den Karren fahren wollen, wegzuloben oder auflaufen zu lassen.

Die Peperoni-Strategie, der bedachte Einsatz positiv-strategischer Aggression, veredelt Ihren Erfolg. Die Strategie ist scharf und gibt fein dosiert die richtige Würze, die zwischen Mittelmaß und ambitioniertem Handeln entscheidet. Sie ist das Gewürz, das Ihren Mitstreitern Feuer unterm Hintern macht: strategische Fingerfertigkeit, das seismografische Gespür für drohenden Ärger, engagierte Netzwerkpflege und eine solide Gegenspieler-Analyse zählen zum Grundrepertoire. Die Grundhaltung der Peperoni-Strategen ist lebensfroh, analytisch und folgt dem historischen Leitsatz: Vertrauen ist gut, Kontrolle ist besser. Menschen mit dem richtigen Gespür für Biss sind positiv aggressiv und überprüfen ihr professionelles Standing immer wieder durch folgende Fragen:

- Von wo droht potenzieller Ärger?
- Wer weiß Dinge, die mir möglicherweise schaden könnten?
- Welche neuen Entwicklungen beinhalten Gefahren für das Unternehmen und für mich selbst?

Ihr Handeln ist stets nach diesen Fragen ausgerichtet. Positiv Aggressive sind darum auf der Hut und folgen einem vordergründig pessimistischen Menschenbild. Allerdings lassen sie sich auch gerne vom Gegenteil überzeugen, denn sie sind souverän genug, um zu erkennen, wann Vertrauen sich lohnt und die Mitstreiter seriös und loyal agieren. Ziel der positiv Aggressiven ist der wirtschaftliche, wissenschaftliche, kulturelle oder soziale Erfolg. Das Wissen, gesiegt zu haben verschafft ihnen ein emotionales Hochgefühl und ist Ansporn für zukünftiges Engagement. Das egoistische »the winner gets it all« ist nicht das entscheidende Leitmotiv, denn die positive Durchsetzungsform kämpft immer für etwas, aber selten gegen etwas. Sie behält das Gemeinwohl im Auge. Ihr Ziel ist eine win-win-Situation.

Typische Merkmale der Peperoni-Strategen sind ihr überdurchschnittliches Engagement – auch auf Kosten der eigenen Familie – und ihre Identifikationsbereitschaft mit dem Unternehmen. Sie sind loyal und schätzen Hierarchie positiv als strukturstiftend ein. Positiv aggressive Menschen zeigen Ehrgeiz und verzichten auf extreme Positionen, die sie aus dem Mainstream der Firmenphilosophie katapultieren könnten. Sie ziehen große innere Befriedigung aus ihrem beruflichen Engagement und lieben es, auf Partys von ihren neuesten Projekten und Aufträgen zu erzählen. Peperoni-Strategen sind dabei utilitaristisch ausgerichtet, das heißt, sie klopfen Menschen auf ihren Nutzen für die avisierten Projekte ab und vernetzen sich schnell und geschickt mit den Nützlichen. Umgekehrt kappen sie überflüssig gewordene Kontakte: nicht aus Boshaftigkeit, sondern weil ihnen schlicht die Zeit und das Interesse zur weiteren, jobunabhängigen Pflege fehlen. Gleiches gilt für Projekte, die vom Misserfolg bedroht sind: Aus denen zieht man sich frühzeitig zurück.

Die positiv Aggressiven neigen zur Ungeduld und betonen Selbstdisziplin und Berechenbarkeit. Sie werben gerne in eigener Sache und haben oft eine Schwäche für Statussymbole. Sie schmücken sich zwar nicht mit fremden Lorbeeren, heben aber ihren Beitrag am gemeinsamen Erfolg unmissverständlich hervor. Peperoni-Strategen behalten ihre Konkurrenten im Auge und lassen sich durch deren Leistung motivieren, weil sie eine Schwäche für den Wettbewerb haben. Sie lieben den kurzen Dienstweg, zeigen sich flexibel und unbürokratisch. Besonders sympathisch macht sie, dass sie höflich und zuvorkommend zu ihrem »karriereneutralen« kollegialen Umfeld sowie zu Hausmeistern, Putzkolonnen und Servicekräften sind. Positiv Aggressive danken auf diese Weise all jenen, die gar nicht erst versuchen ihre Kreise zu stören!

Peperoni-Strategen glauben an die Selbstverantwortung des Einzelnen. Statt Bescheidenheit predigen sie die Nutzbarmachung der eigenen Potenzen und Ressourcen. Positiv Aggressive definieren Erfolg auf die schlichte Art: »Wenn ich zehnmal gescheitert, aber elfmal wieder aufgestanden bin, dann bin ich ein erfolgreicher Mensch«, lautet ihr Credo. Sie gehen davon aus, dass man berufliches Glück mit Fleiß und Ausdauer erreichen kann. Darum schätzen sie Positivanalysen und sind zukunftsorientiert.

Positiv aggressive Menschen sind zufriedene Menschen, denn

sie sind bereit, ihre Träume und Ideen umzusetzen. Das gelingt ihnen nicht immer, aber der sporadische Misserfolg stört sie wenig, denn sie haben es immerhin versucht:»Scheitern ist erlaubt, Nicht-Versuchen ist verboten«, lautet der Leitsatz. Ich selbst handle auch danach, schiebe ständig sechs Projekte gleichzeitig an und scheitere erfahrungsgemäß mit vieren bereits im Anfangsstadium. Aber mein Bedauern darüber hält sich in Grenzen, denn wenn alle sechs Projekte gelingen würden, könnte ich das zeitlich gar nicht packen. So gesehen liegt im Scheitern auch eine Erleichterung und die Chance zu einer vernünftigen Work-Life-Balance. Zwei Ideen aber treibe ich zum Erfolg, weil sie bei meinen Partnern auf Gegenliebe stoßen oder sich gewinnversprechend anlassen. Über diese chancenreichen Projekte wird viel gesprochen, über die vier gescheiterten kaum. Dennoch ist es wichtig, mit dem halben Dutzend zu beginnen, denn es ist anfangs schwer zu prognostizieren, welche Idee das Rennen machen wird. Das heißt, positiv Aggressive folgen der Strategie des»Schrotgewehr-Prinzips«, frei nach dem Motto: Breite Streuung garantiert, eine Kugel wird schon treffen. Und genauso ist es!

Spice up your life – die acht Grundregeln der Peperoni-Strategie

Zur notwendigen Handlungskompetenz der positiv Aggressiven zählt ein strategisch eingesetztes kommunikatives Repertoire vom einfühlsamen Bedrängen bis zum spontan-echt wirkenden Wutausbruch: die Klaviatur von Charme bis Vulkan! Die Hemmungslosigkeit zur Konfrontation, auch die Fähigkeit, künstlich zu explodieren (wenn nötig), das Spiel mit Zuckerbrot und Peitsche, das verschafft Respekt – und respektiert werden ist die erfolgversprechende Alternative zum Geliebt-werden-Wollen, was in beruflichen Beziehungen mehr schadet als nützt. Der künstliche Ausbruch klingt zwar wenig authentisch, und dennoch ist da etwas dran! »Der ist mit Vorsicht zu genießen«, bleibt bei Freund und Feind hängen. Die fährt die »gerade Linie mit Herz«, heißt es anerkennend.

Grundlage der Peperoni-Strategie ist Ihre gesunde Durchsetzungsstärke – und die verlangt drei wichtige Erfolgsfaktoren:

- Schnelligkeit, um mit der eigenen Dynamik das Gegenüber zu verblüffen und potenzielle Gegner einfach ins Leere laufen zu lassen;
- geduldig sein und Unauflösliches aussitzen können;
- aktuelle Schieflagen und Zukunftsprobleme beim Namen nennen, ohne Rücksicht auf falsch verstandene Harmonien.

Die acht Grundregeln der Peperoni-Strategie helfen Ihnen, Ihre Durchsetzungsstärke zu steigern, Ihren Alltag würziger, bissiger und »schärfer« zu gestalten – und etwas für Ihre Psychohygiene zu tun:

Das sollten Sie sich merken: One evil action every day keeps the psychiatrist away! ■

1. Sich mit Power durchsetzen, um Gutes zu tun!

Wer sich mit Freude durchboxen will, braucht den Glauben an die eigenen guten Ziele. Wenn man den hat, lohnt sich der Kampf für einen selbst und für das Unternehmen. Ziele können Wohlstand, Gesundheit, Glück für die Familie, schnelle Autos, schicke Häuser oder Projekt- und Berufserfolge sein. Wie lautet Ihr Ziel? Was möchten Sie erreichen? Sie brauchen eine Leitidee, um im Wettbewerb zu bestehen.

Wenn Sie allerdings keine Ziele haben, für die es sich zu kämpfen lohnt, können Sie sich entspannt zurücklehnen. Sie sollten dann Ihre überschüssige Energie lieber in die Erziehung der Kinder, in Hobbys oder Ehrenämter stecken ...

2. Unterlassen Sie chancenlose Kraftproben!

Bevor Sie einen Kampf beginnen, prüfen Sie die Gewinnchance. Liegt diese bei 51 Prozent zu 49 Prozent, lohnt es sich einzusteigen. Ich bevorzuge Kämpfe, die bereits im Vorfeld eher eine 70-prozentige Chance bieten. Diese Kämpfe sind weniger kraftraubend, und der Sieg ist genauso süß! Sollten die Erfolgsaussichten allerdings schlechter sein, dann lassen Sie die Finger davon. Folgen Sie Anna Freuds »Identifikation mit dem Aggressor« und machen Sie sich Ihren Gegner zum Verbündeten, denn, wie schon Niccolo Machiavelli in seinem Bestseller *Il principe (Der Fürst)* empfahl: »Wen du nicht besiegen kannst, den mache zu deinem Freund!« Das klingt zwar anbiedernd, primitiv und fast archaisch, birgt aber eine Menge Wahrheit in sich! Denn wer als Gegner zu stark ist, kann als Partner nur kraftvoll sein.

Mitbewerbern sollten Sie von dieser Regel allerdings nicht berichten. Ganz im Gegenteil: Schicken Sie sie ins Rennen, wenn die Erfolgsaussichten schlecht sind. Sie müssen ihnen diese Herkules-Aufgabe nur mit Schmeicheleien versüßen: »Ich glaube, Sie sind der Einzige in unserem Unternehmen, der überhaupt in der Lage ist, dieses Projekt zu stemmen!« Die meisten Menschen sind anfällig für ein solches »Lob« und beißen an.

Selbst Schuld! Umgekehrt gilt natürlich: Sollten Sie derartig freundliche Einschätzungen Ihrer Leistungsfähigkeit hören, dann aktivieren Sie Ihr misstrauisches Potenzial und vergessen nicht Ihr pessimistisches Menschenbild – so schützen Sie sich vor Enttäuschungen.

3. Positionieren Sie sich!

Warten Sie nicht, bis Sie gefragt werden, sondern verschaffen Sie sich unaufgefordert, aber nicht aufdringlich Gehör! Es besteht sonst die große Gefahr, dass Sie ignoriert werden – besonders, wenn Sie klug sind und wirklich etwas zu sagen haben. Denn in diesem Fall besteht das berechtigte »Risiko«, dass Ihre klugen Kommentare die anderen alt aussehen lassen. Nur ganz souveräne Zeitgenossen ertragen die Brillanz Dritter. Der Rest weicht der innovativen Kraft Ihrer Umgebung lieber aus. Wollen Sie sich also durchsetzen, müssen Sie den Mut haben, sich ungefragt aufzustellen und auch Killerphrasen der Kollegen und Vorgesetzten Paroli zu bieten.

4. Meiden Sie Nörgler, Loser und Bedenkenträger!

Wer sich mit nörgelnden Zeitgenossen umgibt, wird früher oder später mit deren negativen Eigenschaften assoziiert. Die Larmoyanten einzubeziehen und ihnen Zuspruch zu geben, hilft ihnen nicht aus ihrer unglücklichen und demotivierenden Rolle heraus. Es schadet aber Ihrem eigenen Image, weil nicht der Eindruck von Hilfsbereitschaft, sondern von Solidarität mit den ewig Jammernden entsteht. Das ist das absolute Gegenteil von einer win-win-Strategie und darum nicht empfehlenswert!

Als bissige Abwehr können Nörgler und nervige Bedenkenträger allerdings sehr hilfreich sein: So bitten Sie etwa die Mitarbeiterin, die Ihnen den Aufstieg vermasseln will, sich stärker um die Loser-Truppe zu kümmern, zum Beispiel beim täglichen Kantinenessen. Dankenswerterweise übernimmt sie den Motivationsjob. Den Restkollegen signalisieren Sie allerdings das Gegenteil: Sie seien von der Mitarbeiterin enttäuscht, weil sie sich nun jeden Mittag diesen Bremsen anschließen würde! Wenn Sie selbst um derart fürsorgliche Sozialarbeit gebeten werden, seien Sie also entsprechend vorsichtig!

5. Pflegen Sie Ihre Einsteckerqualitäten!

Wer sich durchsetzen will, stößt unvermeidlich auf Widerstand – auch auf solchen der harten Art. Das kann schmerzhaft sein, weil diese Gegenwehr bevorzugt auf die Schwachstellen zielt. Davon sollten Sie sich nicht irritieren lassen, denn es ist Teil des Machtspiels. Außerdem erfahren Sie auf diese Weise sehr schnell, auf wen Sie zukünftig nicht setzen dürfen, denn der Angreifer wird sich Ihnen gegenüber auch in Zukunft kaum loyal verhalten. Konfrontation schafft durchaus Klarheit – auch wenn sie gegen Sie gerichtet ist.

Hervorragend ist es natürlich, wenn Sie in der Lage sind, auch heftigen Angriffen Paroli bieten zu können, indem Sie zum Beispiel dem Angreifer lächelnd erwidern: »Das war ja schon ein ganz toller Angriff, aber ich finde, Sie sollten es noch mal versuchen und dann so richtig Gas geben.« Diese Erwiderung erschüttert Ihr Gegenüber, weil es erfasst, dass es keine Schockwirkung bei Ihnen erzielen konnte. Diese Strategie geht übrigens auf den weltgrößten Boxer Muhammad Ali zurück. Ali war in einem Kampf einem minutenlangen gewaltigen Schlaghagel ausgesetzt, während er – sich mit den eigenen Fäusten Deckung gebend – in die Seile gedrängt war. Sein Gegner sah sich schon kurz vor dem K.o.-Sieg, als Ali sich in einer kurzen Verschnaufpause vorbeugte und ihm ins Ohr flüsterte:»Lass uns jetzt endlich anfangen, hart zu boxen!« Der Gegner, der bereits an seinem Limit kämpfte, war erschüttert und psychologisch angeschlagen. Ali gewann den Fight!

6. Perfektionieren Sie Ihre Abwehrrhetorik!

Verbale Angriffe kommen naturgemäß unerwartet. Der Angreifer hofft auf den»Überrumpelungseffekt«, um Sie kalt zu erwischen. Daher sollten Sie sich vorbeugend mehrere rhetorische Spitzfindigkeiten zurechtlegen, mit denen Sie sich Luft und Zeit verschaffen können. Die kurze Pause brauchen Sie dringend, um Gegenstrategien und -argumentationen zu entwerfen. Mein persönlicher Favorit aus dem Sortiment der Abwehrrhetorik lautet:»Das ist wirklich interessant, was Sie da sagen. Ich denke darüber nach ...«

Probieren Sie es aus. Die meisten Kritiker zeigen sich überrascht und sind angetan von der schnellen Einsicht. Deswegen setzen sie auch nicht rhetorisch nach. Sie freuen sich sogar, wenn Sie sich Notizen zu dem Gesagten in Ihren Timer machen. Diese Freude hielte sich allerdings in Grenzen, wenn sie wüssten, was dort wirklich steht:»Dr. Mensching hat mich öffentlich kritisiert: willkommen auf der schwarzen Liste!« Wobei empfehlenswert ist, dass Sie nur M (für Mensching) und S (für schwarze Liste) eintragen. Sollten Sie versehentlich den Timer irgendwo liegen lassen, können Neugierige so keine Rückschlüsse auf Ihre künftigen Pläne ziehen.

Es reicht auch, wenn Sie knapp notieren:»Mensching ist ein dämlicher Idiot« – auch dies leicht verklausuliert. Auf Eintragungen ganz zu verzichten, das sollten Sie allerdings unterlassen. Sonst spielt Ihnen Ihr Kurzzeitgedächtnis einen Streich, Sie vergessen Menschings Attacke und helfen ihm sogar noch zwei Wochen später in einer kniffligen Angelegenheit. Das ist dann zwar wirklich nett, aber auch sehr dämlich. Sie dürfen sicher sein: Das wird Ihnen nicht gedankt. Mensching wird vielmehr vermuten, dass Sie um Kritik geradezu betteln, und Sie deswegen weiterhin schlecht behandeln!

7. Reagieren Sie sofort auf negative Gerüchte, die über Sie kursieren!

Wenn Ihnen Anspielungen und Verleumdungen über Sie zu Ohren kommen, müssen Sie sehr schnell reagieren, denn bevor Sie von den Gerüchten erfahren, hat bereits die ganze Abteilung davon gehört. Das ist wie beim Fremdgehen: Der Gehörnte erfährt es in der Regel zuletzt. Deswegen ist es wichtig, dass Sie sich sofort dagegen wehren, denn – und das macht die Brisanz aus – Gerüchte schwächen Ihre Position, und es bleibt häufig etwas hängen. Komplett ignoriert können sie sogar zum Vorläufer des Mobbings werden. Da ist Vorsicht geboten! Dies gilt besonders für vermeintlich harmlose, weil absurde Gerüchte, die zum Beispiel Ihre Unzuverlässigkeit, Illoyalität oder Unseriosität betreffen. Je schneller Sie den Gerüchten widersprechen und sie aus dem Weg räumen, desto besser.

8. Führen Sie regelmäßig eine Gegenspieleranalyse durch!

Fragen Sie sich in regelmäßigen Abständen, wer Sie im Team zwar immer anlächelt, aber faktisch gegen Sie agiert, indem er blockiert, zu vieles infrage stellt oder Sie in eine schlecht besetzte und zerstrittene Arbeitsgruppe manövriert, die es schafft, auch die beste Idee zu Grabe zu tragen. Solche Zeitgenossen sollten Sie auf Distanz halten, nie im Meeting loben oder aufwerten und ihnen keine Arbeit erleichtern oder abnehmen, denn wenn diese Herrschaften überbeschäftigt sind, fehlt ihnen die Zeit zur Intrige! Nur so haben Sie eine realistische Chance, dass Ihr Gegenspieler nicht noch wächst und Sie womöglich später unterbuttern kann!

Diese acht Grundregeln der Peperoni-Strategie sichern Ihnen einen seriösen und soliden Einstieg in die Welt der Durchsetzungsstärke. Dabei ist es von zentraler Bedeutung, dass Sie sich gegen die Richtigen behaupten und nicht Machtspiele mit Menschen ausagieren, die kollegial und einsichtig sind und mit denen Sie in einem ganz normalen Gespräch zu einer konstruktiven Lösung gelangen können. Diese Mitarbeiter und Kollegen sollten in den Genuss Ihrer 80 Prozent wohlschmeckenden Paprika-Sanftheit kommen. Die scharfen 20 Prozent bleiben für Ihre Widersacher reserviert.

Man muss seine Gegner kennen –
Erfolgsmenschen auf der Spur

Wer sind nun Ihre potenziellen Gegenspieler, denen Sie Ihre
20 Prozent Peperoni-Schärfe zukommen lassen sollten? Wie
sind Menschen gestrickt, die machtstrategisch ausgerichtet
sind? Eines sei an dieser Stelle verraten: Wenn Sie deren Denken kennen, sind sie leicht für Sie zu berechnen. Sie können
dann einfühlsam auf Ihre Gegner eingehen, wodurch diese
sich wunderbar verstanden fühlen und dementsprechend ver-
trauensvoll sind. Oder Sie entwerfen clevere Gegenstrategien,
die Ihre Widersacher nicht sofort durchschauen. Beides hat
seinen Reiz. Deswegen werde ich im Folgenden die Persön-
lichkeitsstruktur weiblicher und männlicher Erfolgstypen
präzisieren. Wer die Struktur der Machtorientierten zu lesen
weiß, wird sich seltener im Dickicht der Machtspiele verstricken.

Wie sehen sich wettbewerbsorientierte Erfolgsmenschen?
Wie viel Aggressivität brauchen sie zum Erfolg? Antworten erhielt ich in Gesprächen mit weit mehr als 300 weiblichen und
männlichen Führungskräften am Gottlieb Duttweiler Institut
für Wirtschaft und Gesellschaft (GDI) in Rüschlikon, Zürich,
in den letzten zehn Jahren. Diese Führungskräfte arbeiten als
Konzernchefs, Mittelständler, Klinikdirektorinnen, Abteilungsleiter, als Firmen- und Institutsinhaberinnen, Geschäftsführer
und leitende Staatsanwälte. Sie gaben bereitwillig Auskunft

über ihre Stärken und die »notwendigen Schattenseiten«, die sie für ihren Erfolg brauchten.

Die Triebfeder weiblicher wie männlicher Führungskräfte ist selten der Wunsch nach Weltverbesserung. Sie streben weit eher nach wachsendem Einfluss, Erfolg und Macht. Sie wollen an die Spitze – dieser Wunsch beseelt sie schon früh in ihrer Karriere, gleichzeitig wissen sie um die Konsequenzen: Wer Unternehmen lenkt, muss unangenehme Entscheidungen treffen, er braucht also Distanz zum Leiden anderer, um handlungsfähig zu bleiben. Mitleid, so der Philosoph Friedrich Nietzsche, vermehre nur das Leid auf dieser Welt. So verwundert es kaum, dass die Antizipationsfähigkeit, also das Nachdenken über die Folgen für die Opfer, bei Führungskräften unterentwickelt ist, etwa wenn es um Verschlankung oder Freisetzungen im Unternehmen geht. Und die Chefs, die über Einzelschicksale intensiv reflektieren, wirken angeschlagen, weil sie die Bürde der Entlassenen mittragen: »Ich habe diesen Beruf gewählt, weil ich davon träumte, Menschen eine Perspektive zu geben. Heute wickle ich nur noch ab und leide darunter, weil ich als alter Hase die Familien unserer Belegschaft ganz gut kenne und weiß, was die Entlassungen dort Verheerendes auslösen«, so der Personalchef eines international tätigen Hamburger Unternehmens.

Führen in Reinheit und Schönheit geht eben nicht. Wer führt, macht sich die Hände schmutzig, muss Mitarbeiter entlassen, Konkurrenten ausbooten. Das geht nur mit einem gewissen Maß an Aggression. Philip Rosenthal, der Begründer der Porzellandynastie, formulierte es sehr treffend: »Karriere ist ein bisschen Sein, Schein und Schwein.«

Führungskräfte definieren sich gerne als omnipotent. Sie sind stolz auf ihre Flexibilität, die bis zur Beliebigkeit gehen kann: Egal ob Bauernverband oder Chemiebranche, Suppenkonzern oder Zigarettenindustrie, als Profis sind sie überall einsetzbar. Ersetzbar natürlich nie! Ganz im Gegenteil. Selbst wenn es schief läuft, wäre es ohne sie noch viel schlechter gelaufen – eine Grundhaltung, die selbst im Misserfolg Glück verspricht.

Die Flexibilität hat aber auch ihre Schattenseiten. Sie zwingt zum ständigen Umdenken und Neustrukturieren bei gleichzeitiger Aufrechterhaltung der Kontrolle und der Macht. Das ist keine leichte Aufgabe angesichts der schnellen Veränderung von Märkten, Gesetzen, Technologien und Unternehmensstrukturen. Dies nennt man heute »Management der Zufälle« oder Kontingenz. Die Theorie der Kontingenz fordert dazu auf, sich mit dem unsicheren Verlauf der Dinge zu konfrontieren und nicht den »guten alten Zeiten« nachzutrauern. Das bedeutet, erfolgreiche Chefs akzeptieren, dass langfristige Planungen wichtig sind, aber die schnelllebige Zukunft sich nicht daran halten muss. Entsprechend formuliert der Wirtschaftsphilosoph Rainer Otte, man dürfe in der Konfrontation mit der Ungewissheit ein Gütesiegel des modernen Denkens sehen! Diese Ungewissheit zwingt zur Innovation, löst aber gleichzeitig Ohnmachtgefühle aus, denn nichts ist so ungewiss wie das Ergebnis innovativen Handelns.

Um diesem Druck zu entrinnen, bietet die menschliche Psyche der Führungskraft einen teuflisch-verführerischen Mechanismus an: Man kann nämlich der Ohnmacht vordergründig entrinnen, indem man seine Berufswelt auf das Mittelmaß zurechtstutzt, das man gerade noch verkraftet. Der Sozialphilosoph Erich Fromm spricht von der Destruktivität als Schutz vor dem Zermalmt-Werden durch neue, unüberschaubare Anforderungen. Sein Fachbegriff: »Splendid isolation«: Ich zerstöre, also bin ich ... großartig! Großartig, weil man immer noch so tun kann, als ob man das Gesetz des Handelns bestimmt. Diese Fähigkeit, auch die falschen Entscheidungen aufgrund der eigenen Macht durchsetzen zu können, gibt das trügerische Gefühl, Herr im eigenen Haus zu sein. Das Peter-Prinzip – benannt nach seinem Erfinder Laurence J. Peter – spricht hier nüchterner vom »Aufstieg bis zur Inkompetenz«, die ein 59-jähriger Vorstand auf folgenden Punkt brachte: »Ich bin mehr, als ich kann.«

Diese Zerrissenheit zwischen Erfolgsträumen und Untergangsängsten nennt man in der Psychologie »Dissonanz«. Je stärker die Zerrissenheit, desto größer die persönliche Reizbarkeit, desto unberechenbarer auch die Personalführung! Dissonanz nagt an der Psyche. Schlafstörungen, Magengeschwüre oder Essstörungen (besonders bei Frauen) können die Folge sein. Verschärfend kommt hinzu, dass Erfolgsmenschen diese Schwächen nicht zugeben dürfen. Denn Ängste und Unberechenbarkeiten sind Gift in einer Branche, die sich Kontinuität und persönliche Stärke auf die Fahnen geschrieben hat. Psychische Konflikte oder Niedergeschlagenheit haben keinen Platz in der Welt des Erfolges. Diese zutiefst menschlichen Stimmungen zählen zum Repertoire der Verlierer.

Misserfolg oder Konkursgefahr machen sich auf vielen Ebenen bemerkbar. Weggefährten grenzen sich langsam ab, Einladungen zu Wirtschafts- und Pressebällen bleiben aus. Nicht, dass man immer gerne zu diesen gesellschaftlichen Ereignissen gegangen wäre, aber sie sind doch ein Zeichen, dass man dazugehört. »The higher you climb the deeper you fall« ist eine Binsenweisheit, die sich den Erfolgreichen psychisch eingebrannt hat. Dabei geht es nicht nur um Ängste vor dem Jobverlust, sondern auch die eigene Identität ist bedroht. Denn was bleibt von einem Erfolgsmenschen übrig, wenn der Erfolg ausbleibt? Daniel Goeudevert sagt darum, Manager haben besonders Angst vor »dem Verlust ihrer Funktion, ihrer Macht, weil da ihre ganze Existenz dranhängt ... Wenn er abgesägt wird, dann ist das nicht nur ein Imageverlust, das wäre ja nicht so schlimm, sondern ein Identitätsverlust.«

Diese Angst bildet die Grundlage für ein lebenslanges Spannungsverhältnis, das viele Topmanager zu immer neuen Leistungen antreibt. Aber es kostet auch Kräfte, denn die Angst, den komfortablen Lebensstandard zu verlieren, ist stets im Hintergrund. Das macht Druck, gerade in einer Gesellschaft, die Besitzstandwahrung zum Minimalziel erkoren hat. Das macht hart, nicht nur gegen sich selbst, sondern auch gegen andere.

Um zu überleben und sich zu behaupten, greifen viele Führungskräfte zum Mittel der Aggression. Aggression tritt im Wettbewerb in der Regel als Reaktion auf eine wirkliche oder auch nur vermutete Minderung der eigenen Macht in Erscheinung. Im Berufsleben, besonders im Management findet sich am häufigsten die »instrumentelle Aggression«, die kein aggressives Ziel verfolgt, aber zum Beispiel die Schädigung »freigesetzter« Mitarbeiter als Nebenprodukt billigend in Kauf nimmt. Das ist schmerzhaft für die Opfer derartiger Entscheidungen, aber immer noch besser als die »feindselige Aggression«.

Damit einher geht ein heimlicher Persönlichkeitszug der Spitzenkräfte: ihre Liebe zur strukturellen Gewalt. Hierarchie ist für sie eindeutig schön – wenn sie oben stehen. Hier kann man sogar die eigenen unerfreulichen Charakterzüge ausleben. Aber natürlich nicht in primitiver Form. Führungskräfte lehnen Gewalt sogar ab. Und dennoch ist da die Lust an der (nicht nur positiven) Aggression, am subtilen Ausleben von Machtspielen, denn Führungskräfte leben unter Hochdruck, unter Zeitmangel, unter Anpassung. Da ist die klammheimliche Freude über hintersinnige Strategien und raffinierte Schachzüge geradezu wohltuend. Sie ist Entlastung und Entspannung zugleich. »Menschenschach ist Balsam für die Seele«, nannte das ein 53-jähriger Vorstand nach einem Aggressionsseminar.

Das klingt kalt, ist jedoch eine notwendige Überlebensstrategie in einer harten Welt. Erfolgreiche Führungskräfte, die an der Spitze bleiben wollen, brauchen darum Freude an strukturellen Machtspielen und strategisches Geschick. Kluges Taktieren hält die Gegenspieler dabei auf Distanz. Topkräfte schaffen geschickt Abhängigkeiten und bieten sich als pragmatische bis visionäre Wirtschaftsführer an. Sie geben Mitmenschen überzeugend die Illusion von Sicherheit und Halt. Sie stellen sich als Bollwerk des Wirtschaftsstandorts, als Garanten gegen die Krise dar. Sie sind selbstkontrollierte Strategen mit genauen Methoden und Zielvorstellungen. Und sie haben ein geradezu sinnliches Verhältnis zu dieser Gestaltungsfreiheit.

Insgesamt gesehen ist es ideal, wenn Führungskräfte über 80 Prozent Sozialverträglichkeit, Teamgeist sowie Konsensfähigkeit verfügen. Vor allem aber brauchen sie 20 Prozent Durchsetzungsstärke und Biss zum Erfolg, um Stresssituationen durchzustehen und um aus Konfliktscheu und Harmoniesucht keine falschen Entscheidungen zu treffen. Sowohl Führungsmänner als auch Führungsfrauen bejahen darum Macht und setzen sie auch durch. Weder Männer noch Frauen schrecken grundsätzlich vor »bösen« Strategien zurück. Männer greifen jedoch häufiger danach als Frauen – dies liegt an ihrem unterschiedlichen Verhältnis zur Aggression.

Das Profil erfolgreicher Männer

Vor allem männliche Führungskräfte – und die machen derzeit in den Unternehmen über 90 Prozent der Topetagen aus – verstehen sich als Menschenkenner, die Einschüchterungen und das Einimpfen von Minderwertigkeitsgefühlen gezielt einsetzen können, um ihren Einfluss zu zementieren. Geschickt schaffen sie so informelle Hierarchien und knüpfen ein Netzwerk, auf das sie in Krisenzeiten bauen können.

Ihr Ehrgeiz ist primär geprägt vom Willen zur persönlichen, firmeninternen und gesellschaftlichen Macht. Einfluss und Autorität gefallen ihnen, Macht ist für sie erotisch, denn sie gibt das gute Gefühl, wichtig zu sein und gebraucht zu werden. »Mein Wort ist heilig«, so der Patriarch eines deutschen Familienunternehmens, der sich damit fast päpstliche Dimensionen zusprach. Kraftvolle Autorität beinhaltet natürlich auch ein positives Verhältnis zur Aggression. Vor allem: Macht macht ihnen Spaß! Anerkannte Führerschaft beinhaltet die unterschwellige Angst der Mitarbeiter vor dieser Power. Mächtige Männer werden dafür nicht gehasst, sondern respektiert, manchmal sogar geliebt.

Als sehr wichtig beschreiben die von mir befragten Topmanager ihr seismografisches Gespür für drohenden Ärger. Dank ihres geschulten Blickes für ihr Umfeld ist es ihnen möglich, potenzielle Angriffe von Kollegen oder Konkurrenten abzusehen. Dies verschafft den modernen Machtmenschen den nötigen Freiraum, um rechtzeitig Gegenstrategien zu entwerfen.

Die heutigen Führungsmänner beschreiben sich als sehr selbstbewusst. Sie glauben, Berge versetzen zu können, und lieben es, von Zeit zu Zeit moralische Prinzipien über den Haufen zu werfen, denn: »Was interessiert mich mein Geschwätz von gestern!«

Starke Führungskräfte schreiben sich Definitionsmacht zu und lieben die Freiheit, selbst bestimmen zu können, ohne größere Rücksichten nehmen zu müssen. »L'etat, c'est moi« – der Staat bin ich –, sagte der französische Sonnenkönig. Heute gibt sich die Führung etwas bescheidener. Da heißt es: »Die Unternehmenskultur bestimme ich!«»Corporate Identity« wird dies euphemistisch genannt. Jeder neue Chef, der so gestrickt ist, versucht, dem Unternehmen seinen Stempel aufzudrücken und seine Duftmarke zu hinterlassen. Das wird meist »Umstrukturierung« genannt und mündet in einen umfassenden Prozess. Der wird mitunter derart überzogen, dass selbst gut funktionierende Einheiten neu gemischt werden. Dabei besteht die Gefahr des reinen Aktionismus unter dem Deckmantel des Innovativen!

Die stete Anspannung und die immerwährende Verteidigung des Erreichten haben allerdings auch Auswirkungen auf die Gesundheit. Selbst kurze Urlaubsreisen sind ein zusätzlicher Stresspunkt, denn zunächst stellen sich Erfolgsmenschen die bange Frage, ob der Laden auch wirklich ohne sie läuft. Dazu tritt ein Phänomen, das vor allem Mediziner und Psychologen beobachten: Schmerzhafte Brustverengungen und Herzrhythmusstörungen florieren bei Leistungsträgern bevorzugt in der Urlaubsphase. Die Erklärung: Kaum fällt die alltägliche Selbstkontrolle, rächt sich der Körper für die Dauerbeanspruchung. Ein teuflischer Kreislauf: Der Leistungsbereite übertüncht die Erschöpfungssignale, begeistert sich daran, wie lange er arbeiten kann, erlebt seine Höhenflüge im »Workers High« und registriert erst beim Auftauchen psychosomatischer Symptome, dass Adrenalinausstöße die Kraft nur vortäuschen. An der Gesundheit wird Raubbau getrieben, und auch das Sozialleben leidet.

Wenn Sie als Mann diesem Erfolgsprofil so gar nicht entsprechen (mögen), ist das nicht tragisch, solange Sie nicht in das Schussfeld solcher Macher geraten. Sie stehen damit auch keineswegs allein: Verblüffenderweise ist das Gros der Männer durchsetzungsschwach beziehungsweise autoaggressiv in dem Sinne, dass sie ihre aggressive Power eben nicht ausleben. Mich hat immer wieder verblüfft, wie viele dieser zurückhaltenden Zeitgenossen selbst in international aufgestellten Unternehmen zu finden sind – und dort ihre Zurückhaltung auch als Handicap erleben. Eine Befragung der Schweizer Beratungsfirma *Management Training Systems* unter Mitarbeiterinnen und weiblichen Führungskräften hatte zum Ergebnis, dass diese nicht unter zu autoritären, sondern unter zu schwächlichen Kollegen und Chefs leiden! Eine Dame aus dem Norden kommentierte diesen unpositionierten Männertypus einmal ernüchtert: »Haben Sie schon einmal versucht, einen Pudding an die Wand zu nageln?«

Die gute Nachricht: Sie müssen nicht zwingend zu dem beschriebenen männlichen Erfolgsprofil mutieren. Sie sollten aber zumindest so agieren, dass Sie mit den Machern nicht zusammenstoßen. Das ist leicht zu vermeiden, denn aus den obigen Beschreibungen leiten sich einfache Tipps für den beruflichen Umgang mit dieser Erfolgsspezies ab:

1. Bauen und pflegen Sie Ihr berufliches Netzwerk, und sprechen Sie darüber! Ohne Netzwerk sind Sie ein schutzloses Nichts und vom Wohlwollen oder der Aversion der Leitung und Kollegen abhängig. Ein stabiles Netzwerk von gleichgesinnten Kollegen wird dagegen immer in die Bresche springen, um selbst Ihre Schwächen schönzureden! Macher-Typen meiden gerne Netzwerk-Konflikte, denn da haben sie zu viele Gegenspieler gleichzeitig am Hals.

2. Bejahen Sie glaubwürdig Ihr positives Verhältnis zur Macht und zur Hausspitze. Diese wird Sie dann als »Bruder (oder Schwester) im Geiste« liebevoll umarmen: »Der ist in Ordnung und keine Gefahr«, sagen sich die Macher.

3. Signalisieren Sie ungefragt und glaubwürdig Loyalität (auch wenn Sie nicht hundertprozentig dran glauben). Dann brauchen Sie keine unterschwellige Angst vor Attacken der

Führung zu haben, denn die greift ihre Bauern, Läufer und Springer – um sich aus dem Schachvokabular zu bedienen – niemals an. Loyalität sichert ein konfliktfreies Berufsleben, denn Schwächen werden verziehen: Dame und König werden Ihnen Schutz gewähren, solange es irgend geht.

4. Daraus folgt ein wichtiger Hinweis an die Feedback- und Kritikverliebten: Verabschieden Sie sich von dem Gedanken, dass herumreden, herumkritisieren und ehrliche Feedbacks eine kluge und mutige Strategie sind. Der berühmte »kritische Deutsche« ist eben der, der alles scharf durchdenkt und dann vor lauter kritischer Reflektion handlungsunfähig erscheint. Für Macher ein absolut rotes Tuch. Verzichten Sie darauf!

Das Verhältnis erfolgreicher Männer zu erfolgreichen Frauen

Viele Männer halten es immer noch für Emanzipation, wenn Frauen heute die Unternehmensspitze immerhin erkennen, ohne sie aber erklimmen zu können. Die ambitionierten Frauen sollen nämlich mit ihrem Kopf an die so genannte »gläserne Decke« (die »Schranke« zum Topmanagement) stoßen, die feinsäuberlich vom *Old-Boys-Network* gegossen wurde. Männer mögen Frauen – aber nicht als Konkurrentinnen, zumal Frauen 50 Prozent der Bevölkerung ausmachen und damit potenziell auch 50 Prozent Männerkonkurrenz darstellen.

Diese Erkenntnis empfinden besonders mittelmäßige Männer als erschütternd, weil sie genau wissen, dass sie von den besser qualifizierten Frauen fachlich ausgestochen werden können. Früher war es ihnen möglich, trotz ihres Mittelmaßes Karriere zu machen, denn die Zahl der Mitbewerber war geringer, und die waren vom gleichen Geschlecht – das konnte das männliche

Ego gerade noch akzeptieren. Heute treten hoch qualifizierte Frauen als Konkurrentinnen hinzu – für Männer mit Minderwertigkeitskomplex nur schwer zu verkraften, weil nun nicht ihre berufliche Qualifikation, sondern auch ihr männliches Rollenverständnis infrage gestellt wird. Zum Kampf um den Arbeitsplatz tritt der Geschlechterkampf hinzu. Das bedeutet für Frauen, Gefahr droht ihnen nicht von den schlauen Top-Kräften – die sind einfach gut und können Kompetenz auch bei anderen problemlos respektieren. Gefahr droht vor allem von den mittelmäßigen Männern mit mittelmäßiger Denke, bei denen man sich schon länger fragt, wie die überhaupt ihre Position erklimmen konnten.

Beliebte »Strategien« dieser Männer sind Chauvinismus und Sexismus. Diese sind nicht nur Ausdruck primitiv-unsensibler Männlichkeit, sondern leider auch eine der wirkungsvollsten Waffen im Geschlechterkampf, denn viele Erfolgsfrauen hassen das Vulgärniveau und wenden sich ab. Damit überlassen sie aber das Feld den Männern. Es ist besser, Frauen nehmen den Kampf auf.

Um ihn erfolgreich zu gestalten, sollten Sie als Frau zunächst die mittelmäßigen Männer orten: Wo sind die im Unternehmen und wo haben Sie mit ihnen Berührungspunkte? Haben Sie diese Durchschnittskollegen erst einmal geortet, können Sie sie mit Charme, Höflichkeit und dem ein oder anderen überraschenden Lob – für das Männer extrem anfällig sind! – in Sicherheit wiegen. Danach lassen sich die »Umworbenen« relativ willig um Hilfe bitten, instrumentalisieren oder schlicht über den Tisch ziehen. Fällt es ihnen hinterher doch einmal auf, kommentieren sie meist nur verblüfft: »Von der hätte ich das nie erwartet!« Gegenwehr brauchten Sie in der Regel nicht zu befürchten.

Das Profil erfolgreicher Frauen

Das Profil von Leistungsträgerinnen hat sich in den letzten Jahren rasant verändert. Die renommierte Hamburger Wirtschaftsprofessorin Sonja Bischoff dokumentiert diesen Einstellungswandel bei Führungsfrauen. 1990 meinte noch deren Mehrheit, Macht sei »ein böses Wort«. Heute sieht das anders aus: Macht wird als unkompliziert und ökonomisch beschrieben. »Freundlich lächeln fördert nicht gerade Respekt, außer es ist der Charme eines Haifisches«, so eine leitende Managerin aus der Chemiebranche, deren charmantem Lächeln, gepaart mit Augenaufschlag und Unschuldsblick, kaum zu widerstehen ist! »Meine männlichen und weiblichen Mitarbeiter kennen meine Linie. Der folgen sie im Meeting. Das spricht mich an. Mehr will ich gar nicht«, erklärt die Managerin eines Kaufhauskonzerns. Eine Schweizer Unternehmensberaterin schlägt in die gleiche Kerbe, wenn sie sagt: »Wer will, kann Blut sehen, aber es wird nicht meins sein!«

Dieses Selbstverständnis ist aber bei weitem noch kein Massenphänomen. Die Markenwerbung kreiert zwar bevorzugt einen Führungsfrauentypus mit Modell-Qualitäten: Power-Frauen, die bedrohlich ihre L'Oreal-gepflegten Mähnen schütteln, bevor sie ihren Aktenkoffer auf den ovalen Tisch der Aufsichtsratssitzung knallen. Das Motto lautete: »Barbarella is back again.« In den Wirtschaftsmagazinen jedoch lächelt uns die Realität entgegen: Erfolgsfrauen, zehn bis zwanzig Jahre älter, mit glattem Pagenkopf oder strengem Chignon vor üppig dekorierten Blumensträußen, die scharfen Linien abwärts der Nasenflügel weich gezeichnet vom wohl gesonnenen Starfotografen oder Collagen unterspritzt von hoch dotierten Chirurgen. Falten, die bei Männern als Zeichen siegreicher Schlachten um Wettbewerbsvorteile und Marktpositionen gelten, zeugen bei Frauen von Anstrengung und Verlust der Weiblichkeit, so die scharfzüngige Managementprofessorin Rotraud Perner.

Top-Managerinnen haben auch heute noch ein ambivalentes Verhältnis zur Macht und deren Behauptung – also zur Aggression.

Sind Frauen die besseren Menschen?

Top-Frauen werden beschrieben als teamfähiger, kooperativer und konsensorientierter als Männer. Ihre emotionale Intelligenz wird hoch bewertet und immer mit dem Aspekt des Sozialen assoziiert: Beispielsweise ist die Rede vom vornehmlich weiblichen selbstbewusst-einfühlsamen Führungsstil, der lieber durch Argumente denn durch Machtspiele überzeugt. Frauen, so hört man oft, verstehen Leadership als Chance zum beiderseitigen Wachstum, darum gehörten Ehrlichkeit und Offenheit zum weiblichen Führungsstil. Chefinnen strafen angeblich ungern und können Niederlagen besser wegstecken als ihre männlichen Kollegen.

Kurz gesagt: Frauen gelten als die besseren Menschen – und sollten es auch bleiben, wenn es nach dem Willen durchsetzungsstarker Männer geht. Denn in diesem Fall müssen sie die weibliche Gutmenschen-Konkurrenz weniger fürchten, da Frauen zu lieb böse sind, um bei den Machtspielen richtig mitzumischen. Auch kriminologisch gesehen sind Frauen die besseren Menschen: Sie begehen kaum Straftaten, eigenständige Frauengefängnisse müssen nur sehr selten gebaut werden und Gewalttherapeuten sind im weiblichen Sektor ständig von Arbeitslosigkeit bedroht. Dies treibt selbst Talkshow-Organisatoren in den Wahnsinn, weil sie beim Thema »Frauengewalt« immer nur auf Ingrid van Bergen zurückgreifen können, die

1977 ihren Geliebten erschoss. Das Gros der wenigen gewalttätigen Frauen begeht Verzweiflungs- und Beziehungstaten,
indem sie etwa ihren Mann töten, der sie über einen längeren
Zeitraum gequält hat. Selbst die bösen Frauen haben auch noch
gute Gründe für ihre furchtbaren Taten.

Good girls – pflegeleicht für Männer

Führungsfrauen werden gerne analytische Fähigkeiten und Ge-
schicklichkeit im kommunikativen Umgang zugeschrieben. Das
klingt gut, nutzt aber zunächst herzlich wenig: Erstens sind sie
Führungsmännern gegenüber grausam in der Unterzahl, und
zweitens nutzen sie ihren Diplomatievorsprung zu selten aus,
da sie zwischen dem Kampf mit harten Bandagen und ihrer
emotionalen Abscheu angesichts solcher Strategien hin- und
hergerissen sind – und das schwächt.

Die Erfolgsautorin und Psychologin Ute Ehrhardt bringt dies
auf den Punkt, wenn sie darauf hinweist, dass sich viele Frauen
durch ambivalente Formulierungen selbst ausbremsen. Sie
schränken ihre sehr klaren und bissigen Einstellungen durch
moralisierende Prinzipien ein und werfen sich damit Knüp-
pel der Uneindeutigkeit zwischen die Beine. Vier ambivalente
Wünsche verdeutlichen dieses Dilemma, von dem sich erfolgsorientierte Frauen verabschieden sollten.

1. Wunsch: Während Männer kurze, anspruchslose Haupt-
sätze der Marke »Ich setze mich gerne durch!« favorisieren, ist
diese Art der Fünf-Wort-Formulierungen für viele Frauen unerträglich. Sie gehen differenzierter vor: »Ich will mich durchsetzen und mein Ziel erreichen, *aber niemanden überrollen oder
verletzen!*«

Aber wie soll das gehen? Kann man beziehungsweise frau gleichzeitig durchsetzungsstark *und* rücksichtsvoll sein? Das ist ein rhetorisch angenehmer Selbstbetrug! Wenn man sich durchsetzt, bleiben andere Zeitgenossen leider auf der Strecke. Auch solche, die gute Ideen haben. Vielleicht haben diese die Niederlage nicht verdient und womöglich sogar eine größere materiell-soziale Verantwortung, weil sie Kinder und anspruchsvolle Partner zu versorgen haben – und das potenzielle Mehreinkommen durch einen Projektsieg über Sie gut gebrauchen könnten! Natürlich sind die verletzt, wenn *Sie* den Zuschlag erhalten. Da muss man sich keinen Illusionen hingeben. Dafür sind *Sie* aber nicht verantwortlich, denn entscheidend ist, dass Ihr Streben nicht auf deren Verletzung abgezielt hat. Die Verletzungen der »Geschlagenen« sind nur das unschöne und ungewollte Nebenprodukt Ihres Erfolges!

2. Wunsch: »Ich will selbstsicher auftreten, *aber niemanden ängstigen!*« Business-Männer kleiden sich in Nadelstreifenanzügen, mit maßgeschneiderten Hemden und handgenähten britischen Schuhen, um mit ihrer Erscheinung Eindruck zu machen: Eine teure Ausstattung soll den beruflichen Erfolg untermauern. Das funktioniert sogar bei den kleinen, dicken Hässlichen! Sie wollen ihr Gegenüber mit Seriosität und dem Duft der Macht einschüchtern! Deswegen tragen positiv aggressive Erfolgsfrauen auch edle Kostüme, teure Hosenanzüge und Piaget-Ringe, die mal eben ein monatliches Netto-Professorengehalt kosten. Sie wollen natürlich ängstigen, und das gelingt auch: »Wenn eine Frau mit so edlem Outfit im Flieger neben mir sitzt, dann schüchtert mich das schon ein«, so ein gestandener 43-jähriger Mittelständler mit Machoallüren. Die edle Erscheinung schützt vor Distanz- und Respektlosigkeit sowie vor Kumpelhaftigkeit: Kleider machen Leute, das wissen wir spätestens seit Gottfried Kellers wunderbarer Novelle.

Wenn Sie selbstsicher wirken – sei es durch Ihre Kleidung, sei es durch Ihr Auftreten –, werden Sie immer jemanden einschüchtern. Respekt geht nun einmal einher mit der Achtung anderer vor Ihnen.

3. Wunsch: »Ich will kritisch sein, *aber niemanden schlecht machen!*« Woher kommen diese Bedenken im Beruflichen, gerade von Frauen, die im Privaten durchaus zu kritischem Feedback bereit sind? Wer kritisch ist, weist auf Schwachstellen hin. Wer kritisch ist, verletzt. Nicht, dass man darauf aus ist, aber es passiert, denn kaum ein Mensch hört gern, dass er etwas hätte besser machen können. Wenn die Kritik auch noch den Kern trifft, ist es unerträglich. Ergo: Wenn Sie jemanden kritisieren, ist er in der Regel gekränkt (besonders wenn es sich um einen Mann handelt) – egal, wie rücksichtsvoll Sie formulieren, egal, wie berechtigt Ihre Zurechtweisung ist. Deswegen dürfen Sie natürlich nicht auf eine angebrachte Kritik verzichten. Sie müssen nur wissen, dass dies für Ihr Gegenüber niemals angenehm sein kann. Sollte im Eifer des Gefechts Ihre Wortwahl etwas unüberlegt ausfallen, können Sie sich am nächsten Tag ja immer noch entschuldigen.

4. Wunsch: »Ich will meine Meinung sagen und überzeugen, *aber nicht manipulieren!*« Was aber macht frau, wenn die Gegenspieler nicht zu überzeugen sind? Einfach nachgeben und sich in Stücke reißen lassen? In diesem Fall ist strategisches Geschick gefragt. Es gilt, vor dem entscheidenden Meeting vier Mitstreiter zu gewinnen, die bereit sind – im direktem Anschluss an Ihren eigenen Beitrag – Ihre Ideen hochzuloben. Die angehenden Kritiker wissen dann sofort, dass ihre Gegenargumente auf vierfachen Widerstand stoßen werden. Eine schöne Botschaft, die die meisten Nörgler zur Zurückhaltung motiviert. Ist das manipulativ? Nein. In erster Linie ist es erstklassig vorbereitet und inszeniert. Mir persönlich sind keine durchsetzungsstarken (weiblichen oder männlichen) Persönlichkeiten bekannt, die bei wichtigen Fragestellungen offen und unpräpariert ins Meeting gehen. So fatalistisch darf man im Berufsleben nicht sein!

Frauen, die so agieren, sind übervorsichtig und letztlich entscheidungsschwach, denn sie wollen alles auf einmal: ihre Ziele erreichen, aber niemanden auf den Fuß treten. Sie bremsen sozusagen bei Gelb ab, statt sich auf ihre 200 Pferdestärken zu verlassen und Gas zu geben.

Gerade Frauen tragen in der heutigen Wettbewerbsgesellschaft eine historische Last, denn die Geschichte der mitteleuropäischen Zivilisation ist ein Prozess der schrittweisen Zähmung und Kultivierung menschlicher Aggressivität. Ein Prozess, der bei Frauen erfolgreich verlief, die bevorzugt zum »good girl« erzogen wurden: hilfsbereit, opferwillig, bescheiden, einfach lieb. Als Erfolgsfrauen müssen sie nun diese »Brave-Mädchen-Attitüde« wieder abstreifen, damit sie sich nicht nur an der *political correctness* und der gängigen Moral orientieren, wenn es hart zur Sache geht. Statt Spaß an der weiblichen Aggression und Power zu haben, ist die Folge eine fortwährende Selbstreflexion, die im so genannten »Cinderella-Komplex« münden kann. Und der ist kontraproduktiv.

Beispiel: Eine wahre Powerfrau: Schon mit 31 Jahren war sie ✗ Museumsdirektorin – eine tolle Karriere. Auf die Frage nach ihrem Stolz und ihrer Berufszufriedenheit jedoch antwortete sie: »In meinem Alter sollte es eine Frau nicht mehr nötig haben zu arbeiten. Arbeiten zu müssen, das ist doch ein Zeichen, irgendwie versagt zu haben.«

Der Cinderella-Komplex thematisiert die Jahrhunderte lang antrainierte Angst der Frauen vor der Unabhängigkeit – ein archaischer und fieser Beschneider kreativer weiblicher Kräfte. Ein eingebautes Sabotageprogramm! Frauen stecken damit in einem geschlechtsspezifischen Gefängnis: Sie schlagen sich nicht nur mit einer machtvollen und machtgewohnten Männerwelt herum, sondern auch noch mit einem inneren Feind, der

- ihnen einen korrekten und rücksichtsvollen Umgang mit anderen abverlangt und
- sie bei diesem Selbstverständnis an der ungerechten Wirtschaftswelt verzweifeln lässt.

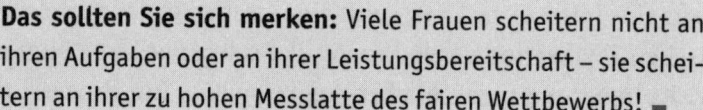

Das sollten Sie sich merken: Viele Frauen scheitern nicht an ihren Aufgaben oder an ihrer Leistungsbereitschaft – sie scheitern an ihrer zu hohen Messlatte des fairen Wettbewerbs! ■

Die Good-girl-Orientierung suggeriert, dass sich die Frau mit emotionaler Intelligenz und Teamgeist an die Spitze einer menschenfreundlicheren Geschäftswelt drängen könne. Eine schöne Perspektive mit naivem Einschlag angesichts der Realitäten der Wettbewerbsgesellschaft: Firmenpleiten, feindliche Übernahmen und erhöhter Konkurrenzdruck spiegeln die Rahmenbedingungen der Gegenwart wider, an denen man leicht scheitern kann. Die Good-girl-Orientierung begünstigt darum das Versagen von Führungsfrauen. Rita Süssmuth zog auf der Düsseldorfer Frauenbildungsmesse 1997 das provokante Resümee: »Ich habe den Eindruck, Frauen sind eher die Königinnen der Nacht als die Königinnen der Macht!«

Erfolgsmännern ist es übrigens egal, woran die aufstrebenden Mitbewerberinnen scheitern. Wichtig ist ihnen nur, dass sie scheitern! Vordergründig emphatische männliche Mitstreiter nehmen die weiblichen Machtambivalenzen mit Feingefühl wahr und verstärken sie gerne mit dem Hinweis auf die vernachlässigten Kinder (und schüren bei den Frauen das so genannte Rabenmutter-Syndrom – die Angst, als Mutter aufgrund der eigenen Karriereorientierung zu versagen) oder auf demnächst zu erwartende Psychosomatosen. Bei männlichen Leistungsträgern über 40 Jahren gilt es als chic, die Stiche im Brustbereich zu pflegen und ausführlich zu besprechen. Das Motto lautet: Man(n) gibt alles. Bei Frauen aber wird dies als Zeichen von Überforderung und Schwäche gewertet. Gleichzeitig fällt als hübsches Nebenprodukt die Desillusionierung von potenziellen Erfolgsfrauen ab: Solch ein gesundheitsschädigendes Jobverständnis erinnere mehr an Krampf und dröge Pflichterfüllung als an Selbstverwirklichung und Selbstbestimmung, sagen manche Frauen enttäuscht. Das sei nicht ihre Vorstellung von Lebensqualität. Wettbewerbsorientierte Männer begrüßen und fördern diese Rückzugstendenz besonders einfühlsam. Deshalb sei an dieser Stelle vor Frauenverstehern und Womanizern gewarnt. Sie spielen häufig ein doppeltes Spiel!

Vom good girl zur tough woman

Erfolgsmänner pflegen ihre Faszination des Bösen. Erfolgsfrauen orientieren sich immer noch zu stark an *political correctness* und beruflicher Moral. Statt Spaß an der Macht zu haben, bremsen sie sich aus. Und da, wo Aggressionen dennoch triumphierende Hochgefühle vermitteln, werden sie als unmoralisch gewertet. Das ist falsch.

Frauen, die das realisieren, fühlen sich nicht mehr für das Sozialatmosphärische im Unternehmen zuständig. Wird Ihnen das dennoch durch Männer im Job zugeschrieben, sollten bei Ihnen alle Alarmglocken schrillen: Es wird versucht, Sie auf die klassische Servicerolle zwischen Laufmädchen und »Service-Tussy« festzunageln. Hier hilft weibliche Abwehrrhetorik: »Ich hasse Service! Und ich hasse Männer mit diesem Service-Verständnis«, wäre eine klare Ansage, die von 99 Prozent der Männer eindeutig verstanden wird! Mit dieser bissig-weiblichen Haltung bleibt Aggression als Machtspiel nicht in Männerhand.

→ **Das sollten Sie sich merken:** Gute Mädchen kommen in den Himmel, positiv-aggressive in die Chefetage! ■

Die renommierte Psychoanalytikerin Margarete Mitscherlich plädiert für die selbstbewusste weibliche Positionierung, denn Frauen sind von Geburt an nicht die aufopferungswilligeren und verständnisvolleren Wesen. Heutzutage gibt es kein typisch weibliches Führungsverhalten mehr, so Mitscherlich, das als verbindlich postuliert wird. Relevant sind heute, egal ob bei Frau oder Mann:

- Spezialwissen,
- Sprachkenntnisse,
- Netzwerkpflege und
- die äußere, möglichst souveräne Erscheinung.

Um sich in der heutigen Wettbewerbsgesellschaft durchzusetzen, müssen Frauen die Mechanismen der Macht kennen. Fakt ist: Frauen haben genauso viel Aggressionspotenzial in sich wie Männer. Libido und Thanatos, Liebesfähigkeit und Zerstörungsdrang rumoren auch im so genannten »sanften Geschlecht«. Aggressionen ausblenden, ignorieren, verniedlichen, das fördert Autoaggression, also Selbstverletzungen, Depressionen oder Bulimie. Sie hemmungslos ausleben bringt unnötige Gefährdungen und endet vor Gericht oder im Frauenknast. Aber irgendwo dazwischen liegt das gesunde Mittelmaß, das Frauen ausbremst, Täterinnen zu werden, das aber auch ihre Prädestinierung für die Hilfs- und Opferrolle verhindert.

Um nun diese Erkenntnisse in Erfolge umzusetzen, bedarf des der Peperoni-Strategie. Sie unterstützt Sie

- dabei, sich von der Aggressionsverdammung abzuwenden, um bewusst mit Ihrer positiven Aggression umgehen zu können;
- bei Ihrem Abschied vom geschlechtsspezifischen Gefängnis, das nicht nur ein Durchschauen der männlichen Machtspiele abverlangt, sondern auch noch die Entwicklung eines fairen, weiblichen Alternativkarriereweges;
- bei Ihrer Ablehnung des Dornröschen-Komplexes (die heimliche und unrealistische Hoffnung, dass die eigene Qualität entdeckt wird, ohne dass man auf sich selbst aufmerksam machen muss), damit Sie sich selbstbewusst im Unternehmen aufstellen können;
- bei Ihrer Analyse der Frauen-Aggressivitätsfalle (Charaktermerkmale wie Durchsetzungsstärke und Power, die bei Männern bewundert, bei Frauen aber als zickig und unweiblich diffamiert werden – mehr dazu im Kapitel *Mehr Biss: Strategien für Ihre Durchsetzungsstärke).*

Diese Selbstverständlichkeit der Macht müssen sich viele Frauen erst noch erarbeiten. Dass dieser Prozess nicht schwierig sein muss und sogar Spaß machen kann, soll abschließend eine junge Schweizer Bankerin belegen:

Beispiel: Als eher filigranes Wesen wurde sie von männlichen Gesprächspartnern in der Regel zunächst nicht ernst genommen. Oft saßen diese ihr breitbeinig mit einer derben non-verbalen Botschaft gegenüber:»Die Kleine nehmen wir uns zum Frühstück vor.« Von diesem primitiv-männlichen Potenzgebaren genervt, ging sie durch eine einfache, ebenfalls non-verbale Aktion in die Offensive: Sie wählte den schönen Peperoni-Leitsatz »One evil action every day keeps the psychiatrist away« und platzierte ihn in großen beweglichen Lettern auf dem Bildschirm ihres Computers. Bei Gesprächen dreht sie heutzutage den Monitor so, dass ihre männlichen Gegenparts den Satz lesen können. Diese starren irritiert und verunsichert auf die leuchtende Schrift und fragen sich:»Wie passt dieser Satz zu diesem elfenhaften Wesen?« Eine Antwort haben sie nicht parat. Nur eines ist ihnen klar: Diese Frau riecht nach Ärger, und man sollte sich nicht von ihrem Äußeren täuschen lassen! Das Ergebnis: Derbe Auftritte erlebt unsere Schweizerin kaum noch, eher höfliche Zurückhaltung. Und damit kann sie gut leben!

Als Mann wiederum müssen Sie bei diesen *tough women* wirklich auf der Hut sein, denn diese haben ein Näschen für Machtspiele und durchschauen sie schnell. Darauf sollten Sie besser gleich verzichten! Hier zu kämpfen, macht wenig Sinn, denn diese Frauen sind – machtstrategisch gesehen – zu schade, um verheizt zu werden! Vielmehr sollten Sie auf win-win setzen, denn mit so einer bissigen Partnerin können Sie ein schlagfertiges Duo bilden, von dessen Ergebnissen Sie beide profitieren können!

Voraussetzung ist allerdings, dass Sie sich an gewisse, nicht besonders komplizierte Regeln halten, auf die erfolgsorientierte (und andere) Frauen Wert legen:

- Benehmen Sie sich kultiviert, seien Sie ein Gentleman.
- Halten Sie sich an Absprachen und agieren Sie transparent.

Mehr nicht. Wenn Sie das beherzigen, wird kaum eine Frau es bereuen, Sie als strategischen Partner gewählt zu haben.

Peperoni oder Paprika: Wo stehen Sie?

Wer sich durchsetzen will, muss wissen, auf welche persönlichen Stärken er sich verlassen kann, welches Potenzial an Bissigkeit zur Verfügung steht – und er muss wissen, wo seine Schwächen liegen, um beim gewürzten Machtkampf keine Überraschung zu erleben. In diesem Kapitel finden Sie zunächst den Peperoni-Test. Er misst – ähnlich wie das Brenn-O-Meter bei Peperoni-Sorten – Ihre Schärfe.

Danach geht es weiter mit der Analyse Ihrer Biss-Bereitschaft. Dafür gilt es vier Fragen zu beantworten:

1. Wo liegen Ihre Stärken? Diese gilt es zu betonen, damit Sie nicht Gefahr laufen, von anderen übersehen zu werden!

2. Wie groß ist Ihr Biss-Potenzial? Auf welche bissigen oder bösen Taten in der Vergangenheit können Sie zurückblicken? Die Erinnerung daran wird Sie für zukünftige Kämpfe ermutigen. Das Motto lautet: Ich kann auch anders!

3. Was sind Ihre Schwächen? Wenn Sie diese kennen, können Sie Angriffen zukünftig den Wind aus den Segeln nehmen!

4. Welche eingebaute Biss-Bremse zwingt Sie zur Höflichkeit, obwohl Klartext angezeigt wäre? Diese Blockierung gilt es zu lösen, damit Sie in zukünftigen Konflikten Fahrt aufnehmen können!

■ Der Peperoni-Test: Wie scharf sind Sie wirklich?

In den USA wurde die »Scoville-Skala« entwickelt, um den Schärfegrad von Peperonis zu bestimmen. Dieser reicht von 0 (süße rote Paprikaschoten) bis zu 14 000 000 (reines Capsaicin). Der Schärfegrad wird mit einem Präzisionsgerät ermittelt, dem »High Pressure Liquid Chromatographen«. Angelehnt an dieses so genannte »Brenn-O-Meter« zeigt Ihnen der folgende Test Ihre heutige Biss-Fähigkeit und Ihre Bereitschaft zur Umsetzung der Peperoni-Strategie: von »gnadenlos scharf« (Machtvampir) bis zu »unscharf« (zu gut für diese Welt).

Kreuzen Sie einfach an, welche der folgenden Aussagen auf Sie zutrifft.

	ja	nein
Ich bin gern »bissig«.		
Ich grüble nicht sinnlos, sondern denke punktgenau.		
Bescheidenheit und Demut schätze ich bei anderen und bei mir nicht sehr.		
Es gibt nur wenige gute Gründe, um zu lamentieren und zu jammern.		
Ich bin gut bei dem, was ich tue, darum suche ich die Schuld nur selten bei mir.		
Auch wenn ich von etwas überzeugt bin, suche ich die Kraftprobe nur dann, wenn ich auch echte Gewinnchancen habe.		
Ich kümmere mich im Job nicht um die Nörgler und Loser. Die ziehen mich nur runter und schwächen meinen Status.		

	ja	nein
Wenn ich negative Gerüchte über mich höre, reagiere ich sofort und entwickle Gegenstrategien.		
Wenn ich kritisch sein muss, nehme ich es in Kauf, dass ich andere zurechtweise und dadurch eventuell verletze.		
Ich will selbstsicher auftreten, auch wenn das andere ängstigt.		
Ich bin gern ein wenig dominant.		
Ich versuche, kein kumpelhafter, sondern ein freundlich-distanzierter Kollege zu sein.		
Ich interessiere mich für die Schwächen meiner Kollegen, denn wenn ich sie kenne, kann ich sie im Notfall nutzen.		
Ich will meine guten Ideen durchsetzen. Dass ich dabei anderen auf die Füße trete, nehme ich billigend in Kauf.		
Ich neige dazu, meinen Wissensvorsprung dezent auszuspielen.		
Ich glaube, dass Eigenverantwortung von zentraler Bedeutung ist.		
Ich versuche, meine Möglichkeiten und Ressourcen optimal zu nutzen.		
Wenn ich zehnmal gescheitert bin, aber elfmal aufstehe, sehe ich mich erfolgreich.		
Ich schätze Tempo.		
Ich kann mein Glück durch Ausdauer und Fleiß fördern.		

	ja	nein
Ich sehe die Dinge positiv und bin zukunftsorientiert.		
Ich bin eher mutig und standfest.		
Mich zeichnet Tatkraft aus – ich bin daher eher ein »Macher«-Typ.		
Ich verschaffe mir schon mal ungefragt Gehör.		
Ich will im Job nicht geliebt werden – Respekt reicht völlig.		
Gegen Unverschämtheiten kann ich mich abgrenzen.		
Ich demütige keine unterlegenen Gegenspieler.		
Ich vergesse nicht, wer mir in schweren Zeiten geholfen hat.		
Ich überlege von Zeit zu Zeit, von wo und von wem im Job Gefahren drohen könnten.		
Ich bin eher vorsichtig in Job-Beziehungen. Wer heute nett zu mir ist, kann morgen mein Gegner werden.		
Ich betrachte Gutgläubigkeit als Naivität – lasse mich aber auch gerne vom Gegenteil überzeugen.		
Ich habe ein breites kommunikatives Repertoire von charmanter Einvernahme bis zum (künstlichen) Wutausbruch.		
Ich kann spontan und inszeniert verbal aggressiv werden.		
Ich möchte mich mit Power durchsetzen, um Gutes zu tun – auch wenn sich Dritte dabei an den Rand gedrängt fühlen.		

	ja	nein
Ich habe ein dickes Fell, also Einsteckerqualitäten.		
Ich würde mich als schlagfertig bezeichnen.		
Mindestens 10 Prozent meiner Arbeitzeit stecke ich in den Aufbau von Netzwerken – auch wenn andere das kriecherisch finden.		
Ich weiß genau, von wem ich im Job keine Unterstützung zu erwarten habe. Diese Leute habe ich besonders im Auge.		
Ich denke, Vertrauen ist gut, aber Kontrolle ist besser.		
Ich genieße die Symbole der Macht.		
Ich erwarte viel von mir und auch viel von anderen.		
Ich finde Hierarchie ist schön – wenn man oben steht.		
Ich habe ein Gespür für drohenden Ärger und reagiere darauf sofort.		
Ich gelte im Job als ein Typ, mit dem man sich besser nicht anlegt.		
Ich habe Spaß am Planen neuer, erfolgversprechender Strategien.		
Ich kann Leute im Job ins Leere laufen lassen.		
Ich bohre schon einmal in den Schwächen meiner Gegenspieler – aber nur, wenn es sein muss.		
Ich kann Druck ausüben, wenn es nötig ist.		
Ich finde Ungeduld gut.		
Ich mag Macht – und ich hätte gern mehr davon.		

Auswertung: Addieren Sie einfach Ihre mit »Ja« beantworteten Fragen (bis zu 50-mal möglich) und lesen Sie die Bewertung in der Scoville-Skala.

Auswertung

Anzahl der zustim- menden Antworten	Scoville- Einheiten	Peperoni-/Chili- Sorten (Auswahl)	Schärfe- grad	Bewertung
50 Testfragen zugestimmt	100 000 – 500 000	Habañero, Scotch Bonnet, Caribbean Red	10	Gnadenlos scharf: Sie sind ein Macht-
45 Testfragen zugestimmt	50 000 – 100 000	Santaka, Chiltepin	9	vampir und übertreiben es.
40 Testfragen zugestimmt	30 000 – 50 000	Thai, Piquin, lange Cayenne-Schoten	8	Extrem scharf:
35 Testfragen zugestimmt	15 000 – 30 000	Chile de Arbol, Hot Jalapeño	7	Sie liegen goldrichtig – bissig, ag-
30 Testfragen zugestimmt	5 000 – 15 000	frühe Jalapeño, Aji Amarillo	6	gressiv, aber mit Herz!
25 Testfragen zugestimmt	2 500 – 5 000	große dicke Cayenne-Schoten	5	Schon schärfer:
20 Testfragen zugestimmt	1 500 – 2 500	Sandia, Cascabel	4	Sie haben bissiges Potenzial – und müssen es nur noch aktivieren!

Anzahl der zustim- menden Antworten	Scoville- Einheiten	Peperoni-/Chili- Sorten (Auswahl)	Schärfe- grad	Bewertung
15 Testfragen zugestimmt	1000 – 1500	Ancho, Pasilla, Es- pañola Improved	3	Mild bis mittel:
10 Testfragen zugestimmt	500 – 1000	NuMex Big Jim, NuMex 6-4	2	Sie sind nett und freund- lich, kom-
5 Testfragen zugestimmt	1 – 500	grüne Chilis in der Dose, scharfe un- garische Paprika	1	men gut an, aber kaum weiter.
0 Testfragen zugestimmt	0	Gemüsepaprika, Pimiento, Sweet Banana Chilis	0	Unscharf: Sie sind zu gut für diese Welt.

0-mal Ja: Unscharf: Sie sind zu gut für diese Berufswelt und finden hoffentlich Verbündete, die Ihnen helfen, Ihre Ideale umzusetzen und Sie davor schützen, übervorteilt zu werden. Sie schätzen weder List noch Tücke und gehen davon aus, dass Ihre Mitarbeiter das genauso sehen. Wenn Sie übervorteilt werden, ist das zwar für Sie ein Ärgernis, aber keine Strategie, die bevorzugt die »Netten« in die Opferrolle katapultiert. Sie werden zwar mit Arbeit überhäuft, kassieren kein Lob dafür, sondern nur Kritik an Ihren Überstunden, das heißt, an Ihrem schlechten Zeitmanagement. Trotz dieser negativen Erfahrungen möchten Sie die Peperoni-Strategie nicht annehmen, weil sie nicht so recht zu Ihnen und Ihrem Weltbild passt. Entsprechend sollte es wenigstens Ihr Ziel sein, sich starke Kollegen und einflussreiche Job-Partner zu suchen, die Ihnen Schutz und Support in schwierigen Zeiten bieten, damit Sie nicht das Opfer von Umstrukturierungen werden.

1- bis 15-mal Ja: Mild bis mittel: Sie sind nett und freundlich, kommen gut an, aber kaum weiter. Man fühlt sich wohl in Ihrer Nähe, weil Sie zuverlässig sind und Aufgaben seriös und schnell erledigen, ohne Zeit in Machtspielen oder Netzwerkpflege zu »verplempern«. Daher gelten Sie auch als ungefährlich und nicht ambitioniert, wenn es um Karrieresprünge geht. Sie sind der optimale Zuarbeiter und werden – trotz beziehungsweise wegen Ihres Fleißes und Ihrer fachlichen Qualität – nicht befördert, denn welcher Vorgesetzte möchte so eine Kraft wie Sie schon verlieren? Sie vermitteln Vorgesetzten das angenehme Gefühl, dass Sie sehr ernst nehmen, was diese von Ihnen wollen und es nicht für so wichtig halten, was Sie selber wünschen. Solange Sie dieses nicht ärgert und Sie zufrieden mit Ihren Aufgaben und Ihrer Stellung sind, ändern Sie nichts. Sollten Sie sich aber übergangen fühlen, machen Sie sich die Ideen der Peperoni-Strategie zu Eigen. Schaden wird Ihnen das Mehr an Biss nicht!

16- bis 25-mal Ja: Schon schärfer: Sie haben bissiges Potenzial – und müssen sich nur noch trauen, es zu aktivieren! Bezüglich der Peperoni-Strategie sind Sie hin- und hergerissen, denn Ihnen fehlt letztlich die innere Zustimmung, bissig und aggressiv agieren zu dürfen, wenn es um die Durchsetzung guter Ziele geht. Sie haben die notwendige Potenz zur Karriere, machen sich das Leben aber selber schwer: Zum Beispiel wenn Ihr Teamgeist zur Entscheidungsschwäche wird, weil sich das Team nicht einigen kann und Sie sich unwohl fühlen, die richtige Entscheidung »durchzudrücken«. Ihre Neigung abzuwägen prädestiniert Sie für eine ausgleichende Moderation, aber Sie sind noch nicht der, der die Beschlussfindung vorantreibt – und müssen es ja auch gar nicht werden. Vielleicht finden Sie Partner, die diesen Job für Sie erledigen. Anderenfalls folgen Sie der Peperoni-Strategie, denn die gibt Ihnen – aus der Managementperspektive – die notwendige Hilfestellung, um sich durchzusetzen!

26- bis 40-mal Ja: Extrem scharf: Sie liegen goldrichtig. Durchsetzungsstark, aggressiv, aber mit Herz! Sie verfügen über das richtige Verhältnis von 20 Prozent Peperoni-Strategie und 80 Prozent Teamorientierung. Sie haben ein wunderbares Gespür dafür, wann Sensibilität und wann Härte gefragt ist, und Sie können die kommunikative Klaviatur zwischen Charme und Vulkan mit Leichtigkeit bedienen. Sie motivieren sich selbst, wissen, was Sie wollen, haben Einsteckerqualitäten und strahlen eine natürliche Autorität aus. Sie haben keine Konflikte damit, dass Sie im Beruf ein/eine Macher/in und zu Hause ein liebendes Elternteil sind. Nadelstreifen und Küchenschürze sind für Sie kein Widerspruch, denn Erfolg heißt für Sie, in unterschiedlichen Rollen das Beste zu geben. Wunderbar. Weiter so!

41- bis 50-mal Ja: Gnadenlos scharf: Sie sind ein Machtvampir und übertreiben es. Weniger Biss und mehr Peperoni-Strategie würden Ihnen gut zu Gesicht stehen. Sie setzen sich zwar erfolgreich im Berufsleben durch, mischen aber durch Ihren übertriebenen Durchsetzungswillen und Ihr Faible für Dominanz leider auch Ihre Teams und Arbeitsgruppen auf, obwohl Sie dies gar nicht nötig hätten. Besonders gefährlich erscheint, dass Sie kaum in der Lage sind, Ihr Privatleben anders zu gestalten. Sie vergessen, dass Strategien, die Sie im Beruf nach vorne bringen, Ihre privaten Beziehungen zerstören können. Erfolg bedeutet auch die Fähigkeit zur Flexibilität, das heißt, sich durchzusetzen, wo es nötig ist, und einfühlsam und wohlwollend zu agieren, wo es möglich ist. Weniger ist in Ihrem Fall mehr!

Die erste Analyse: Ihre Stärken

Die Analyse der persönlichen Stärken gehört zum Einmaleins der Erfolgreichen. Wer sich selbst gut kennt, weiß, auf welche Eigenschaften er sich verlassen kann. Erst dann ist es möglich, Mitarbeitern und Kollegen eindeutig und sicher darzulegen, was sie realistisch von Ihnen erwarten können. Über die eigenen Stärken zu sprechen, ist keine Angeberei, denn dieses Wissen schafft für alle professionelle Klarheit. Unwissen dagegen ist ein Beweis für die eigene Denkfaulheit und diskreditiert! Und dies zu Recht, denn der Mensch in der Berufswelt gilt heute als »produktiver Realitätsverarbeiter«. Sein Handeln ist nicht schicksalsbestimmt, sondern wird von ihm selbstständig und produktiv neu gestaltet und geformt. Das bedeutet, jeder Mensch entscheidet für sich, welchen Weg er im Leben einschlagen möchte: Nutzt man die eigene Power, um Projekte und Innovationen voranzutreiben oder verpulvert man sie, indem man seine Familie tyrannisiert? Setzt ein junger, ehrgeiziger Mensch seinen Biss ein, um eine exzellente Ausbildung durchzustehen oder um zum Chef einer gefürchteten Hooligan-Gang aufzusteigen? Die persönlichen Fähigkeiten lassen beide Wege zu. Die Entscheidung, wie man sein Leben gestaltet, liegt bei jedem Menschen selbst. Durchsetzungsstarke Zeitgenossen kennen natürlich ihre Stärken! Das müssen sie auch, denn ein effektives Selbstmarketing ist wichtig für den Aufstieg und die Überzeugungskraft: Nur so können Sie andere von Ihren Fähigkeiten begeistern. Durchsetzungsstarke Menschen stellen ihre Eigenschaften entsprechend klar und deutlich dar. Ob etwas als Stärke oder Schwäche angesehen wird, hängt allerdings in manchen Fällen von der Situation ab:

✗ **Beispiel:** Betont ein Mitarbeiter, dass er im Job immer authentisch agieren und jedem Menschen, unabhängig von Position und

Status, ein ehrliches Feedback geben würde, so ist diese Aussage zwiespältig. Im Privaten ist Authentizität eine lobenswerte Stärke, im Beruflichen aber eine Katastrophe, denn sie wird zur karrierehemmenden Schwäche: »Der Mann denkt nicht strategisch, er redet drauflos, damit ist er unter Umständen nicht loyal«, so sein Chef in einem informellen Gespräch. Der Mitarbeiter, der bei diesem Gespräch natürlich nicht anwesend ist, wundert sich übrigens, warum es bei ihm nicht weitergeht – und auch nie weitergehen wird: Kein Chef fördert Mitarbeiter, die ihn womöglich im Meeting aus lauter Ehrlichkeit bloßstellen könnten!

Durchsetzungsstarke und beruflich erfolgreiche Menschen beschreiben folgende Eigenschaften als positiv:

- Durchhaltevermögen
- Begeisterungsfähigkeit, andere mitreißen können, humorvoll agieren
- zielorientiert handeln
- analytisch und strategisch denken
- die Fähigkeit, Druck auszuüben
- andere motivieren können
- Qualität und Leistungsbereitschaft zeigen
- souveränes Auftreten
- nachhaken, am Ball bleiben
- schnelle Analyse von Situationen und Menschen
- höflich, zuvorkommend und nett auftreten

Auch folgende Fähigkeiten sind für Erfolgsmenschen positiv besetzt:

- in Schwächen anderer »herumbohren« können (ohne es tun zu müssen)
- Gegner ins Leere laufen lassen

- Distanz, gepaart mit einem Hauch Arroganz
- Lust an der Dominanz
- Inanspruchnahme der Gutmütigkeit anderer
- firmenegoistisch handeln: was für die Firma gut ist, ist gut für alle
- Mitarbeiter und Teams antreiben
- rhetorische Stärke demonstrieren: eigene Interessen so formulieren, dass selbst die Gegner nicht widersprechen mögen
- Angriffe kontern
- Wissensvorsprünge ausspielen

Diese letzten Fähigkeiten wirken auf den ersten Blick unangenehm, sind aber zwingend notwendig, um in schwierigen Situationen und unter Zeitmangel Projekte zu Ende bringen zu können. Durchsetzungsstarke Menschen agieren nicht ständig druckvoll, sondern nur, wenn Not am Mann ist. »Druck übe ich nur in homöopathischen Dosen aus. Dennoch ist es gut, dass alle wissen, dass ich es kann«, so der Eigentümer einer Lebensmittelkette, der Lyrik liebt und mit Inbrunst Rilke zu zitieren vermag. Diese zum Teil sehr bissigen Stärken spiegeln einen kleinen, aber wichtigen Teil seiner Persönlichkeit wider. Ethisches oder rücksichtsvolles Handeln werden davon nicht verdrängt. »Sowohl als auch« ist sein Motto, nicht »entweder oder«! Das Werteverständnis bleibt für bissige Menschen von zentraler Bedeutung: Sowohl der karriereorientierte Metallfachmann, der Maschinen baut, als auch der Metallfachmann, der Tresore knackt, sind Spezialisten. Ob sie sich für eine Tätigkeit bei DaimlerChrysler oder im kriminellen Milieu entschließen, entscheidet ihr ethisches Verständnis!

Im beruflichen Alltag ist es wichtig, mit seinen Stärken offensiv umzugehen. Einfach gesagt: Erzählen Sie davon – am besten von Ihren Motivations-, Leistungs- und Analysefähigkeiten.

Dieser unverhüllte Umgang ist effektives Selbstmarketing: die eigenen Stärken betonen, damit sie nicht von Freund und Feind übersehen werden können! Sie brauchen sich nicht entdecken oder wie Dornröschen wachküssen zu lassen. Warum auf die anderen warten? Das kann ewig dauern. Vielleicht sind Kollegen und Vorgesetzte begriffsstutzig oder schlicht desinteressiert. Auf die unaufgeforderte Förderung durch Dritte können Sie nicht setzen, das ist zu ungewiss. Berichten Sie stattdessen selbst regelmäßig und dezent von den Fähigkeiten, die Sie der Firma zu bieten haben. Streuen Sie sie in das Flurgespräch ein, beim Mittagessen, in der Meeting-Pause. Die Theorie des Interaktionismus nennt das Positiv-Labeling: Sie versehen sich mit einem positiven Stempel, einem positiven Label. Die mündliche Wiederholung der eigenen Stärken ist dabei zwingend notwendig, denn nur sie garantiert – wie gute Werbung –, dass die Mitmenschen diese nicht vergessen. Sie werden recht schnell bemerken, wann Ihre Stärken vom Bewusstsein Ihres Umfeldes internalisiert worden sind. Leicht genervt signalisieren Ihnen dann Kollegen, Mitarbeiter und Vorgesetzte, dass sie Bescheid wissen. Das sollte Sie nicht beschämen. Es ist die positive Rückmeldung, dass Ihre Botschaft angekommen ist. Sie können jetzt einen Gang zurückschalten!

Faszinierend bis kurios ist bei dieser Strategie der Echo-Effekt: Im Halbjahres-Feedbackgespräch wird Ihr Vorgesetzter nämlich genau die Eigenschaften loben, die von Ihnen selbst gestreut und durch gelegentliche Leistung unterfüttert worden sind. Denn unterschiedliche Mitarbeiter, die davon hörten, haben diese Positiv-Eigenschaften (»motiviert, zeigt Leistung, ist analytisch«) weitergetragen, auch nach oben. Erfolg hängt also faktisch nicht nur von der korrekten Leistung ab, sondern auch davon, dass und wie diese gestreut wird. Das Selbstmarketing sichert diesen Prozess ab. Ohne Eigenwerbung laufen Sie

Gefahr, dass Dritte Gerüchte über Sie in Umlauf bringen, die weniger schmeichelhaft sind, als das, was Sie selbst in die Diskussion werfen wollen! Fakt bleibt: Geredet wird über einen so oder so – also ist es klüger, die Themen selbst vorzugeben.

Stellen Sie nun eine Liste zusammen mit allen Stärken, die Sie bei sich erkennen. Gehen Sie dazu Ihren Berufsalltag durch: Welche Aufgaben erledigen Sie routinemäßig, welche Herausforderungen wurden Ihnen fernab vom Tagesgeschäft anvertraut? Welche Eigenschaften und welche Fähigkeiten mussten Sie einsetzen, um diese Aufgaben zu bewältigen? Machen Sie dies am besten schriftlich, dann behalten Sie den Überblick – und Sie sehen schwarz auf weiß, wie viele Stärken Sie haben.

Aufgabe	Tätigkeit	benötigte Fähigkeiten/ Stärken

Notieren Sie auch, welche »unangenehmen« Eigenschaften – also die politisch nicht ganz so korrekten Fähigkeiten – nötig waren, um die Aufgabe zu einem guten Abschluss zu bringen. Mussten Sie jemanden ausstechen, um das Projekt zu erhalten? Mussten Sie in Ihrem Team drängeln, damit die Deadline eingehalten werden konnte?

Vermerken Sie in Ihrer Liste auch, was Dritte über Sie sagen.

Welche Eigenschaften werden an Ihnen hervorgehoben? Wofür werden Sie gelobt? Auf was sind andere neidisch?

Wählen Sie danach die Stärken aus, die Sie in Ihrer Firma lancieren möchten: Was schätzt Ihr Vorgesetzter besonders? Womit können Sie ihn beeindrucken? Wie steht es mit dessen Vorgesetzten? Welche Eigenschaften bevorzugt der? Gibt es in Ihrem Unternehmen Fähigkeiten und Stärken, die traditionell großgeschrieben werden? Wie formuliert der Firmeninhaber die Corporate Identity? Wenn Sie die gefragten Eigenschaften bei sich hervorheben können, sichern Sie sich Pluspunkte. Überlegen Sie aber auch, welche Fähigkeiten »unter der Hand« geschätzt werden: Eher Verhandlungsstärke als Vermittlungsfähigkeit? Eher Abschlusssicherheit als Kompromissbereitschaft? Entdecken Sie auch diese Stärken bei sich, heben Sie sie hervor – allerdings in einer wohlbedachten Wortwahl.

Bevor Sie jedoch mit Ihrem Selbstmarketing an die Öffentlichkeit gehen, sollten Sie mit einem Menschen Ihres Vertrauens vorab prüfen, welche Stärken als besonders glaubwürdig bei Ihnen erlebt werden. Beginnen Sie damit, diese zu streuen. Glaubwürdigkeit vereinfacht den Prozess und verdeutlicht, dass Sie keinen Etikettenschwindel betreiben. Das, was Sie anpreisen, muss substanziell vorhanden sein, sonst mutiert man zum narzisstischen Schaumschläger. Peinlich!

Das sollten Sie sich merken: Der einzige Mensch auf dessen Lob und Positiv-Würdigung man sich verlassen kann, ist man selbst. Daher: bitte keine Schüchternheit beim dezenten Sprechen über die eigenen Stärken! ■

Das Beste an diesem Verfahren ist: Indem Sie sich auf Ihre Stärken konzentrieren, schaffen Sie sich ein wunderbares kognitives

Bollwerk gegen Kritiker, Nörgler und Wadenbeißer. Kognitiv heißt, dass Ihr Bewusstsein von den eigenen Stärken felsenfest überzeugt ist. Sie werden sich fragen: »Warum, zum Teufel, wird an mir herumgenörgelt, kritisiert und sich festgebissen? Warum werden meine offensichtlichen Stärken ignoriert?« Diese Frage bewirkt einen wohltuenden Perspektivenwechsel: Kritik löst bei Ihnen nicht mehr als erste Reaktion Selbstzweifel aus. Stattdessen haben Sie die innere Souveränität, sich zu fragen, was der Kritiker mit seinen Attacken eigentlich bezweckt und welche Gemeinheiten vielleicht noch folgen könnten. Das heißt, die Kritik schwächt Sie nicht, sondern sensibilisiert Ihr eigenes Frühwarn-System! Für den Kritiker wird sein Geschwätz so zum Bumerang, denn Sie können entspannt Gegenmaßnahmen in aller Ruhe entwickeln!

Das Bewusstmachen der eigenen Stärken hat einen weiteren wunderbaren Effekt, dem sich gerade die Deutschen mit ihrer (Selbst-)Kritiksucht mehr öffnen sollten: Es macht schlicht gute Laune, selbst an trüben Tagen ...

✗ Beispiel: Viele können mit dem Berliner Mittelständler mitfühlen: Er sitzt an einem Montagmorgen im November im Büro. Er hat schwierige Gespräche vor sich. Eigentlich sollte er vor Kraft strotzen, um in diesen Gesprächen zu bestehen. Der Unternehmer sollte dem Gesprächspartner seinen klaren Willen vermitteln – aber er fühlt sich klein wie eine Kirchenmaus: der pubertierende Sohn hat ihm am Wochenende den Marsch geblasen, die Ehefrau dem auch noch zugestimmt und ein großer Auftraggeber hat noch am Freitag mitgeteilt, dass er mehr erwartet habe. Das Selbstbewusstsein liegt am Boden. Kurz und gut: der Berliner fühlt sich miserabel, zweifelt an sich selbst und fühlt sich den bevorstehenden schwierigen Gesprächen nicht gewachsen. Am liebsten möchte er weglaufen!

Kritiker, Nörgler, Wadenbeißer und andere pessimistische Zeitgenossen fördern gerne diese Selbstzweifel, um ihr Gegenüber weiter zu schwächen und auf ihr negatives Lebensgefühl herunter zu ziehen. Aber gerade dies sind die Momente, in denen es gilt, sich auf die eigenen Stärken, auf sein Positiv-Labeling, zu besinnen, denn das hat etwas wunderbar Aufbauendes: Es folgt dem schönen soziologischen Thomas-Theorem: »If men define situations as real, they are real in their consequences!« Auf Deutsch: Wenn man eine Situation als wirklich empfindet, dann ist sie real – in allen ihren Konsequenzen. Das heißt in unserem Fall: Wenn man fest genug an die eigenen Stärken glaubt, dann überzeugt das die Psyche und die Stimmung schlägt um ins Positive!

Beispiel: Bei unserem Berliner Mittelständler klappt das. Er **X** setzt es ganz konsequent um, damit er sein Montag-Down-Szenario schnell in den Griff bekommen kann. Statt sich seinen Selbstzweifeln hinzugeben, öffnet er seine obere, schmale Schreibtischschublade. Die ist abschließbar – und das mit gutem Grund. Darin befindet sich ein DIN-A4-Blatt, in Folie eingeschweißt. Auf diesem Blatt hat der Unternehmer nicht nur seine Stärken notiert, sondern insgesamt seine tollen Seiten. Auch Lobeshymnen von Geschäftspartnern und Freunden. Die Liste umfasst über 30 Stichpunkte.

Unser Mann beginnt zu lesen.

Bei den ersten sechs tollen Eigenschaften denkt er: »Ganz schön dick aufgetragen. Schon peinlich.« Er liest Begriffe wie »feinsinnig«, »strukturiert«, »analytisch«, »ganz gut aussehend« ...

Bei den Begriffen sieben bis zwölf sagt er sich: »Na ja, ist ja schon was dran. Ich hab ja nur notiert, was andere Nettes über mich gesagt haben ...« Begriffe wie »ver-

ständnisvoll«, »kultiviert«, »großzügig« finden sich da.
Die Komplimente und Stärken, die er bis zur Nummer zwanzig liest, fangen an, ihn zu überzeugen: »Ich will ja nicht angeben. Aber ehrlich gesagt, bin ich schon ein ziemlich toller Typ!« Zuschreibungen wie »erfolgreich«, »zuverlässiger Familienmensch«, »dynamischer Sportwagenfahrer« sind da zu lesen.

Über das 25. Positiv-Labeling hinaus liest er gar nicht mehr, denn er weiß jetzt schon: Ganz realistisch gesehen ist er wirklich klasse! Er schließt die Schublade ab, damit Dritte sein nebenwirkungsfreies Aufbaupräparat nicht entdecken. Er fühlt sich gut und muss über sich schmunzeln. Jetzt hat er es eilig. Sein Telefon lacht ihn an. Er will die schwierigen Gespräche jetzt angehen. Er spürt, dass er gut drauf ist! Das wird sein Tag. Und die Geschichte mit seinem Sohn und seiner Frau vom Wochenende, die bespricht er mit den beiden heute Abend – vielleicht beim Wein.

Kritische Zeitgenossen merken an, dass dieses Positiv-Labeling nach Eigenlob stinkt. Das stimmt, und trotzdem ist es schön. Die Psychologie nennt diese Form der Selbstverliebtheit Narzissmus – ein Mensch, der sich vor lauter Begeisterung über sich selbst an seinem Spiegelbild ergötzt. Auch da ist was dran. Aber kritikwürdig ist das nicht. In meinen Management-Seminaren stelle ich am Ende gerne die Frage, was die Teilnehmer an den anderen so richtig toll finden. Das Brainstorming der Gruppe ist sehr differenziert und trifft die Stärken der Einzelnen häufig punktgenau. Dann passiert etwas Wunderbares: Die Gesichter der Gelobten beginnen zu leuchten. Selbst hart gesottene, grau melierte Manager strahlen. Sie erfahren eine wärmende verbale Dusche – und können in Sachen Selbstvertrauen und Energie unserem Berliner Mittelständler Konkurrenz machen!

In deutschen Firmen wird sowieso zu wenig gelobt – warum sollten Sie nicht bei sich selbst den Anfang machen? Sie können doch am besten einschätzen, welche lobenswerten Eigenschaften Sie haben.

Das sollten Sie sich merken: Wer fest an seine Stärken glaubt, der wird zum Macher, nicht zum Bedenkenträger. Der wird Projekte anschieben und vielleicht sogar die sprichwörtlichen Berge versetzen können! ■

Die zweite Analyse: Ihr bissiges Potenzial

Eher introvertierte Menschen, die in der Vergangenheit übervorteilt wurden, trauen sich Durchsetzungsstärke und Biss nur selten zu: »Ich kann das nicht.« Ihnen sitzt die Angst vor Zurückweisung in den Knochen. Sie befürchten Ablehnung (zu Recht), und sie fürchten, dass sie unter dieser Ablehnung leiden werden (zu Unrecht). Im vorauseilenden Gehorsam passen sie sich deswegen brav an – ein gefundenes Fressen für alle Durchsetzungsstarken, die diese nicht-bissigen Zeitgenossen deshalb so leicht ausnutzen können. Das ist aber nur die eine Seite der Medaille. Gleichzeitig ist es nämlich verblüffend zu erfahren, zu welch bissigen Taten die »Ich-kann-das-nicht«-Fraktion in der Vergangenheit fähig war. Man muss ihr nur ein wenig Zeit zur Reflexion geben. Dann sucht sich die eine oder andere Missetat den Weg zurück an die Oberfläche des Bewusstseins. Für Milde-Paprika-Menschen ein ambivalentes Erlebnis: zum einen schämen sie sich der Missetat, zum anderen keimt die Hoffnung auf, doch zur Gegenwehr fähig zu sein. Das macht

Sinn, denn wer zukünftig bissig handeln will, findet häufig Ermutigung in seiner Vergangenheit. Bei den meisten Menschen finden sich Situationen, die sie mit Durchsetzungskraft bewältigt haben. Diese »bissigen« Erinnerungen dürfen sich auch Gutmenschen erlauben, denn es ist nicht das Ziel der Peperoni-Strategie, »bad guys« zu kreieren, sondern die Power zum Widerstand zu wecken, die in die Zivilcourage mündet.

→ **Das sollten Sie sich merken:** Durchsetzungsstarke Taten der Vergangenheit können als Mutmacher für die Zukunft genutzt werden.

Voraussetzung für diese Art bissiger Ermutigung ist die Bejahung von Neutralisierungstechniken. Neutralisierungstechniken sind Rechtfertigungen, um Schuld- und Schamgefühl zu vermeiden. Diese werden gern in der Wirtschafts- und Berufswelt genutzt, um hässliche Realitäten »schönzureden«:

- Da wird nicht entlassen, sondern »der Bestand des Unternehmens gesichert« beziehungsweise »freigesetzt«.
- Da wird nicht eine Abteilung geschlossen, sondern »eine strategische Konzentration auf das Kerngeschäft« vorangetrieben.
- Da wird kein Konkurrent ausgebootet, sondern man »positioniert sich gegenüber einem Mitbewerber«.

Diese Euphemismen stärken die Durchsetzungskraft, denn die eigene Tat erhält einen positiven Anstrich – es war notwendig, so zu handeln. Die Konzentration auf die negativen Konsequenzen dagegen schwächt und macht durch das schlechte Gewissen handlungsunfähig. Wer die eigenen Taten nicht vor sich selbst rechtfertigen kann, der wird es schwer haben, sich punktgenau und eindeutig aufzustellen. Dem wird es auch missfallen, an seine früheren bissigen Aktivitäten anzudocken, um Ermutigung für die Kämpfe der Gegenwart zu erfahren. Das ist schade, denn damit bleiben viele gute Ideen auf der Strecke, weil Sie sie nicht durchsetzen.

Ganz nebenbei haben diese Erinnerungen auch noch einen schönen Nebeneffekt, zumindest für Menschen mit einem Faible für schwarzen Humor – sie bringen einen zum Schmunzeln: über sich selbst und über die Erkenntnis, zu welchem »Unfug« man früher schon fähig war.

Durchsetzungsstarke Zeitgenossen erinnern sich etwa an folgende bissig-böse Taten:

Beispiel: Ein heute 52-jähriger Chemiemanager zerstörte aus ✗ politischer Unzufriedenheit noch mit Anfang dreißig Wahlplakate in seinem Stadtteil – übrigens von der Partei, die er heute voller Überzeugung wählt.

Eine heute 41-jährige Abteilungsleiterin erinnert sich, wie sie im Alter von 29 schmerzhaft entdecken musste, dass ihr damaliger Partner eindeutig nicht der Richtige für sie war, und sie ihre besten Jahre an ihn verschenkt hatte. Sie trennte sich von ihm, während er noch auf einer Dienstreise war und widmete sich einen ganzen Tag seiner Wohnung: Sie zerlegte zunächst seine geliebte Espresso-Maschine. Dann folgten die Fotos und Negative (!) seiner Lieblingsbilder: vom ersten Wagen, dem ersten Urlaub in Paris, der ersten Freundin. Zuletzt schnitt sie Karos in seine Lieblingsanzüge und Krawatten. Sie findet diese Aktion heute »overstyled« – und kommt dabei aus dem Lachen kaum heraus: ihr Mitleid hält sich also in Grenzen.

Da ist das Mitglied der Geschäftsleitung, das als Student seiner keifenden und besonders vornehm tuenden Nachbarin nicht nur die geliebte Tanne im Garten abholzte, während diese auf

Reisen war, sondern sie auch noch kamingerecht zerstückelte und der Dame ordentlich auf die Terrasse stapelte. »Das waren noch Zeiten«, seufzt er heute.

Beeindruckend ist auch die Medizinerin der Pharmabranche, der beim besten Willen keine bissig-böse Tat aus der Vergangenheit einfällt. Sie scheint das Gute in Person zu sein. Doch es tauchen bei ihren Gesprächspartnern Zweifel auf, als sie beim Dessert berichtet, dass sie derzeit täglich schwangere Kleintiere seziere, um einen neuen chemischen Stoff zu erproben. Da fragt man sich doch: Wozu braucht diese Dame noch bissige Taten aus der Vergangenheit. Sie braucht sich doch nur jeden Gegenspieler als trächtiges Nagetier vorzustellen ...

Erinnern Sie sich an bissige Taten? In welchen Situationen haben Sie nicht ganz korrekt reagiert? Wenn Ihnen zunächst keine berufliche Situation einfällt, durchforsten Sie Ihr Privatleben. Wenn Sie dort eine Kleinigkeit entdeckt haben, fällt es Ihnen leichter, auch im Beruf Ihre Biss-Stärke zu erkennen. Schreiben Sie Ihre gewürzte Geschichte ruhig auf, so haben Sie in zu milden Momenten eine Erinnerung an Ihre Schärfe.

Bissige Taten haben auch immer einen erzieherischen Effekt, denn sie signalisieren potenziellen Gegenspielern: »Mit mir kann man das nicht machen, und wer es doch versucht, muss einen hohen Preis zahlen.« Ihre Widersacher werden es nicht noch einmal probieren. Eine Dame in einem meiner Seminare wählte dafür folgendes Bild: »Bei mir gibt es keine Auseinandersetzung zu Discount-Preisen, eher Edelboutique, eher Jil-Sander-Währung!«

Die pädagogische Absicht kann auch Karrieristen ganz eindeutig zeigen, wo sie im Machtgefüge stehen:

X **Beispiel:** Ein süddeutsches, mittelständisches Maschinenunternehmen stellte einen neuen Nachwuchsmanager ein. Der hat es vor lauter Dynamik immer sehr eilig und parkt daher bevorzugt direkt vor dem Hauptportal – auf den Plätzen der Geschäftsleitung. Die schätzen das gar nicht. Zweimaliges Ermahnen, den Wagen ins zweite Glied zu stellen, hilft nichts. Die Nachwuchskraft entschuldigt sich zwar, gelobt Besserung, lässt sich aber ansonsten nicht beirren – und parkt weiterhin dort. Was tun? Die Leitung entscheidet sich fürs Handwerklich-Kreative: Sie lässt – während unser Mann in einer Konferenz sitzt – den gesamten Motorblock seines Dienstwagens ausbauen und per Gabelstapler an der Bushaltestelle vor dem Werkstor abstellen. Zweifelsfrei eine bissige Tat – mit einer symbolträchtigen Botschaft für den Karrieristen: »Mach weiter so, und du fährst bald wieder mit dem öffentlichen Nahverkehr!« Das Parkverhalten des Jungmanagers änderte sich schlagartig.

Das Beispiel verdeutlicht: Biss mit Humor hat Würze und kommt an. Die feine Provokation, das Schwenken mit dem (symbolischen) Zaunpfahl beleben nicht nur den beruflichen Alltag, sondern präsentieren Sie auch als komplexe Persönlichkeit, die nicht so einfach zu berechnen ist. Das hat einen weiteren wichtigen Nebeneffekt: Ihre Widersacher werden Sie nicht als Zielscheibe auswählen. Die erwartete Gegenwehr schreckt potenzielle Angreifer ab, denn die suchen sich lieber kalkulierbare Opfer: Menschen, die aus Angst vor der Auseinandersetzung die Fehler lieber gleich bei sich suchen – milde Paprika-Typen eben!

Die dritte Analyse: Ihre Schwächen

Wer redet schon gerne über die eigenen Schwächen? Dabei ist hier Zurückhaltung keineswegs angezeigt: Schwächen sind das

Salz in der Suppe einer reifen Persönlichkeit. Schwächen machen Menschen liebenswert, sympathisch und einzigartig. Dies gilt gerade für durchsetzungsstarke und erfolgreiche Personen, die ohne Ecken und Kanten als zu aalglatt oder »glitschig« empfunden werden. Mit den eigenen Schwächen gilt es konstruktiv umzugehen. Man braucht sich nicht über sie ärgern: nobody is perfect. Man muss sie auch nicht peinlich berührt verstecken, denn sie werden im Laufe des Arbeitslebens sowieso bemerkt. Darum darf man offen darauf hinweisen, was einem nicht so liegt – vorausgesetzt man hat anderweitig Stärken zu bieten. Gibt man seine Schwächen kund, gilt es allerdings die Reaktionen des beruflichen Umfeldes genau zu beachten. Sie werden drei Variationen aufweisen:

■ Zum Ersten gibt es die Kollegen, die die Schwächen ausnutzen wollen. Das erkennen Sie schnell. Merken Sie sich diese Damen und Herren für die Zukunft. Sie sind hoffentlich nachtragend und sollten daher nie zu schnell verzeihen, wenn man Sie in puncto Schwächen übervorteilen wollte.
■ Dann gibt es die, die Ihnen ausgerechnet Aufgaben geben, die Salz in Ihre Wunde streuen. Auch die gehören auf die persönliche Merkliste, vor allem, wenn sie erklären, dass sie Ihnen das zumuten, damit Sie dazulernen und in Zukunft besser werden. Trauen Sie diesen »fürsorglichen« Begründungen nicht, denn am Ende werden Sie doch für Ihre Schwäche kritisiert. Der leitende Oberarzt eines norddeutschen Krankenhauses pflegte beispielsweise den Schwächelnden zu sagen: »Ich hatte Ihnen eine erneute Chance geben wollen, sich zu bewähren, aber Sie haben mich nun doch ein wenig enttäuscht!«
■ Die letzte Gruppe umfasst die positiven Professionellen: Gute Vorgesetzte führen Schwächeanalysen bei ihren Mitarbeitern

durch, um sie nicht versehentlich dort einzusetzen, wo sie versagen könnten. Sie wissen, das selbst die Bemühten, die ihre Schwächen auszugleichen versuchen, am Ende doch nur mittelmäßige Ergebnisse erzielen werden. Das ist dann zwar eine lobenswerte Leistungssteigerung des Einzelnen. Für die Firma kann ein solches Mittelmaß aber nur Rückschritt bedeuten!

Das sollten Sie sich merken: Erfolgreich führen bedeutet, die Schwächen der Mitarbeiter zu erkennen und ihre Stärken zu fördern, damit die Guten Spitze werden! ■ ←

Die eigenen Schwächen selbst zu thematisieren, ist umsichtig. Anders sieht es aus, wenn Dritte Ihre Schwachstellen ansprechen. Es gibt zwei Varianten: Werden Sie unter vier Augen kritisch angesprochen, so ist das in Ordnung und sollte Sie zur Selbstreflexion anregen – natürlich erst, wenn Sie wieder allein sind. Das Vier-Augen-Feedback-Gespräch verhindert Gesichts- und Statusverlust und gibt Ihnen die faire Chance zur Veränderung.

Das sollten Sie sich merken: Wer es gut mit Ihnen meint, wird Sie immer diskret auf Fehler hinweisen! Wer es nicht gut mit Ihnen meint, sucht für seine Kritik den öffentlichen Raum! ■ ←

Werden Ihre Schwächen im Meeting oder anderswo öffentlich breitgetreten, sollten Ihre Alarmglocken schrillen: Dieser Kritiker will Sie schädigen. Hier wird an Ihrem Stuhl gesägt: Sie sind der öffentlichen Demontage preisgegeben, und der eine oder andere wird – durch diese Maßregelung ermutigt – noch nachlegen. Die Menschen sind leider so. Wichtig ist jetzt, dass Sie sich zum einen unbedingt die öffentlichen Kritiker merken und sie zukünftig eher als Gegenspieler betrachten. Außerdem müssen Sie Ihre eigenen Fürsprecher aktivieren und zur Gegenrede treiben! Kriminologisch gesprochen steht dann Gang gegen Gang. Politisch nennt man dies das »Gleichgewicht des Schreckens«! Eine durchaus erfolgversprechende Strategie, wie wir aus der Weltpolitik wissen!

→ **Das sollten Sie sich merken:** Werden Ihre wenigen Schwächen plötzlich Gegenstand von Debatten und Ihre Stärken gleichzeitig ignoriert, dann ist es Zeit, die eigenen Truppen für den Gegenschlag zusammenzutrommeln!

Was sind nun aber Ihre Schwächen? Als Defizite benennen durchsetzungsstarke Menschen unter anderem:

■ Geltungssucht
■ übertriebene Nettigkeit
■ Berechenbarkeit
■ eine schwache Positionierung
■ Angst vor Ablehnung

Auch folgende Eigenschaften lehnen erfolgsorientierte Menschen bei sich und anderen ab:

■ zu schnell beleidigt sein
■ übertriebene Dominanz zeigen, die dem Team keine Luft lässt
■ undiplomatisches Vorgehen und zu starke Impulsivität
■ cholerisches und selbstgefälliges Auftreten
■ zu große Offenheit gegenüber Dritten

- Vertrauensvorschüsse
- den Glauben an das ausschließlich Gute im Kollegen
- übertriebene Rücksichtnahme und zauderndes Agieren
- faule Kompromisse, um Konflikten auszuweichen
- beruflich nicht nachtragend sein
- detailversessenes und perfektionistisches Arbeiten, bei dem der Blick für das Wesentliche verloren geht
- es allen recht machen wollen
- zu langsam denken und arbeiten
- panisch und unentschlossen unter Stress reagieren
- zu schnell begeisterungsfähig sein
- nicht Nein sagen können
- offensichtlich manipulativ vorgehen
- zu empathisch sein
- nicht delegieren können

Welche Schwächen haben Sie? Wo liegen Ihre Schwachpunkte? Gehen Sie vor wie bei der Suche nach Ihren Stärken: Sammeln Sie Aufgaben und Herausforderungen – diesmal vermerken Sie jedoch, was bei deren Bewältigung nicht funktioniert hat. Wo hakte es? Was konnten Sie nicht durchsetzen – und warum nicht? Was kritisieren Vorgesetzte und Kollegen immer wieder an Ihnen? Gibt es Dinge, über die sich Kunden beschweren?

Aufgabe	Tätigkeit	Schwächen in der Bewältigung	

Wählen Sie aus, welche dieser Schwachstellen Sie offen propagieren wollen. Es bietet sich eine Schwäche an, die in Ihrer Firma oder in Ihrer Branche nur einen geringen Stellenwert hat. Wer im Finanzsektor arbeitet, sollte also keine Rechenschwäche herausstellen. Wählen Sie lieber Harmlosigkeiten.

Fragen Sie sich auch, wer Ihre wunden Punkte kennt. Ihr Chef? Ihre Kollegen? Gibt es jemanden in Ihrem beruflichen Umfeld, der Ihre Schwachstelle bewusst gegen Sie einsetzt? Wenn Sie Ihre Schwäche benennen können, fällt es Ihnen einfacher zu erkennen, ob ein Dritter sie womöglich ausnutzt.

Wer nicht auf seinen Standpunkt pocht und sich nicht durchsetzen kann, ist wahrscheinlich ein sehr liebenswerter Mensch. Machtstrategisch ist bei ihm in Wettbewerbssituationen aber Hopfen und Malz verloren.

✗ **Beispiel:** Wer erkennt, dass er keine Führungspersönlichkeit ist, kann aus dieser Schwäche immer noch eine unschlagbare Stärke machen: »Ich habe festgestellt, dass ich doch kein Mann für die erste Reihe bin«, sagte mir ein Seminarteilnehmer nach einem Management-Workshop. Recht hatte er. Konsequent trat er in der Firma zurück ins dritte Glied, arbeitete fortan engagiert und seriös im Hintergrund – und fühlte sich wesentlich zufriedener als in der Zeit, in der er sich in eine Führungsrolle zwang, die nicht zu ihm passte.

Das heißt, persönlicher Erfolg und Zufriedenheit sind nicht immer »oben« zu finden! Das betrifft vor allem die Menschen, die im Beruf und Kollegenkreis nicht nur Anerkennung suchen, sondern auch gemocht oder gar geliebt werden wollen. Diese Menschen unterliegen einem gewaltigen Irrtum, denn »Liebe« gehört nicht in den Job. Geliebt-werden-Wollen macht professionelles Handeln unmöglich! Die tiefe Zuneigung gehört in das Private: Partner, Kinder, Verwandte und der Freundeskreis dürfen sich darüber freuen. Wer nicht willig oder in der Lage ist zu trennen, wird niemals den Biss erwerben, schmerzfrei Entscheidungen durchsetzen zu können!

Die Kenntnis der eigenen Schwächen öffnet übrigens auch den Blick für die Schwachstellen anderer. Wer die wunden Punkte seiner Mitmenschen kennt, kann mit diesen auf zweifache Weise umgehen: Sie können dieses Wissen ausspielen und den anderen damit erniedrigen. Das ist weder kollegial, noch empfehlenswert, denn damit schaffen Sie sich unnötig Gegner! Das ist ein strategischer Kardinalfehler!

Die klügere Alternative ist, den Mitarbeiter unter vier Augen wissen zu lassen, dass Sie seine Schwäche erkannt haben. Der Clou ist nun, ihm mitzuteilen, dass Sie dieses Wissen nicht ausnutzen, sondern im Gegenteil seine Stärken fördern wollen! Das Resultat ist in der Regel Erleichterung und Dankbarkeit des »durchschauten« Gegenübers: »Ich habe einen echt fairen Chef« ist dann häufig zu hören.

Beispiel: Das Beispiel eines Justizdirektors zeigt eine sehr feinsinnige Variante dieser Strategie. Von seinem Abteilungsleiter wusste er, das dessen wunder Punkt das Aktenstudium war. Der Abteilungsleiter hasste diesen Papierkram. Hatte unser Direktor nun einen unangenehmen Auftrag für seinen Abteilungsleiter, lud er ihn zu sich ins Büro. Neben seinem Stuhl stapelten sich bedrohlich hohe Aktenberge. Während er liebevoll auf den Stapel klopfte, pflegte er zu sagen: »Eine von zwei Aufgaben, die ich Ihnen gleich anbiete, sollten Sie übernehmen.« Der Abteilungsleiter entschied sich immer für die Aufgabe, die nichts mit den Akten zu tun hatte. Unser Direktor war darüber sehr zufrieden. Er bat das Sekretariat – nach Beendigung des Gesprächs –, die Akten wieder wegzuschließen. Er hatte sie eh nicht wirklich gebraucht.

Sie waren – mit seinen Worten – »nur Gesprächsdekoration, um meinem Mitarbeiter die Übernahme der Aufgabe zu erleichtern«. Wer die Schwächen der Kollegen oder Vorgesetzten nicht kennt, läuft Gefahr, von einem Fettnäpfchen ins nächste zu treten. Das Ergebnis: Man gilt als unsensibel und wird nicht gefördert! Es gilt der alte Leitsatz: Wissen ist Macht, und Nicht-Wissen wird selten als Entschuldigung akzeptiert.

X **Beispiel:** Das musste auch ein aufstrebender 32-jähriger Macher aus der Textilbranche erleben, der zu seiner Überraschung seinen Platz im Leitungsstab verlor. Der Mann ist verheiratet und hat zwei Kinder, denen er sich vorbildlich am Wochenende widmet. Montags erzählt er gerne und ausgiebig von diesem privaten Glück – auch im Beisein seiner Chefin. Die hat aber leider nicht nur eine furchtbare Scheidung hinter sich, sondern auch eines ihrer Kinder an ihren Mann »verloren«. Dieser Verlust quält sie und das offen zelebrierte Familienglück des Aufsteigers ist ihr unerträglich. Es reißt Montag für Montag ihre Wunden auf. Schließlich reicht es ihr: Der Mann wird »outgesourced«. Sie ist über ihre Entscheidung nicht besonders glücklich, findet sie aber besser als den vorherigen Zustand. Schade, dass unser Aufsteiger von diesem Schmerzpunkt seiner Chefin nichts wusste. Er hätte sich im Kollegenkreis ruhig einmal schlau machen sollen. Da war ihr Trennungsdrama über Wochen informelles Thema gewesen!

Die vierte Analyse: Ihre Biss-Bremsen

Warum ist man manchmal zu höflich? Warum lässt man sich abspeisen und bloßstellen? Warum geht man nicht selbstbewusst dagegen an, sondern frisst den Ärger in sich hinein oder

quält am Abend Partner, Kinder, Haustiere? Warum wehrt
man sich nicht gegen unberechtigte Kritik?

Hinter dieser Zurückhaltung steckt häufig Angst – und diese
wirkt wie eine Biss-Bremse. Man fürchtet sich vor den Konsequenzen, die folgen könnten, wenn man »das Maul aufreißen« würde.
»Als Dame sollte man das nicht tun«, so die Ausrede einer Che-
mie-Managerin, die es mit diesem kultivierten Selbstverständnis
ihren Gegenspielern leicht macht. Die Biss-Bremse impliziert, dass
Kritik und Gegenwehr die Eigenschaft eines Bumerangs innehat,
der weit hinausfliegt, nur um am Ende wieder den eigenen Kopf
zu treffen! In der Fantasie malen sich diese Zeitgenossen Konsequenzen aus, die so verletzend sind, dass sie lieber den Mund
halten, als derart schmerzhafte Reaktionen zu provozieren. Das
heißt, die Biss-Bremse hat ihren Grund in etwas, vor dem man am
liebsten die Augen verschließen möchte. Die Biss-Bremse fragt

- nach der Schuld, die man absichtlich oder unabsichtlich im
  Leben auf sich geladen hat;
- nach den Fehlern, die man im Leben bewusst oder unbewusst
  begangen hat und die man bereut;
- nach den Fehlentscheidungen, die man getroffen hat und mit
  deren bösen Folgen man nun leben muss;
- nach den Verletzungen, die man erlitten oder anderen zugefügt hat und unter denen man bis heute leidet.

Der berühmte Psychodramatiker Jakob L. Moreno spricht von
»unerledigten Geschäften«, die unsere Psyche beschäftigt halten und die man erst dann abschließen kann, wenn man seinen
Frieden damit gemacht hat. Vielleicht durch eine Entschuldigung, vielleicht durch eine Wiedergutmachung, vielleicht durch
ein persönliches Gespräch oder einen Brief, mit dem man versucht, wieder ins Reine zu kommen. »Unerledigte Geschäfte«
sind etwas sehr Persönliches, und ihr Rumoren in der Psyche

schüchtert ein und bremst aus. Aus Angst davor, dass diese wunden Punkte in einer beruflichen Auseinandersetzung berührt werden, lassen viele Menschen ihre notwendige Kritik lieber unter den Tisch fallen. Das ist menschlich verständlich, aber ärgerlich, denn diese Passivität und Zurückhaltung wird schnell als Durchsetzungsschwäche ausgelegt.

Leider zu Recht! Darum ist es gut zu wissen, dass es ein probates Mittel gegen die Biss-Bremse gibt, das Ihnen hilft, angstfrei in Konflikte zu gehen, bei denen eindeutig ist, dass es krachen wird. Dieses Gegenmittel entfaltet seinen Charme allerdings erst auf den zweiten Blick. Es verlangt die schonungslose Beantwortung folgender Frage: »Welches Feedback würde Sie aus tiefster Seele verletzen?«

Die Antworten auf diese Frage sind sehr persönlich und vielfältig. Äußerst schmerzhaft kann es sei, wenn jemand

■ die Schuld anspricht, die man sich gegenüber den eigenen Kindern aufgeladen hat (Rabenmutter-Syndrom);
■ die Konflikte aufrührt, die man mit den eigenen Eltern nie ausgetragen hat – und die einen nach wie vor belasten;
■ äußere Merkmale und Makel verhöhnt, die einen schmerzen – weil man zu dick oder zu dünn ist, eine Missbildung hat oder unter dem Älterwerden leidet;
■ auf persönliche Defizite (wie Legasthenie) hinweist, die sich zum Komplex ausgewachsen haben.

Ein harmlos klingendes, aber in seiner Wirkung beeindruckendes Beispiel bietet uns ein renommierter Politikwissenschaftler:

✗ **Beispiel:** Der war mit 17 unsterblich in ein Mädchen verliebt, das nach seinen Angaben »drei Nummern zu groß« für ihn war. Zu seiner Freude erwiderte das Mädchen die Liebe, machte aber nach drei Monaten mit ihm Schluss. Unvermittelt sagte sie – und diese Worte sollten unserem Mann lange zu schaffen machen: »Ich mache Schluss mit dir – wegen deiner Wurstfinger!« Sein Entsetzen über ihren abrupten Schlussstrich war groß und die Langzeitwirkung des Kommentars erstaunlich: Bei der mündlichen Abiturprüfung, bei Referaten im Studium und später bei Kongressvorträgen verschränkte er sein Finger, legte sie auf den Rücken oder unter die Tischplatte, sodass niemand einen Blick auf sie erhaschen konnte. Er berichtete sogar von der Präsentation seines ersten Buches, bei der er sich nicht vor Verrissen fürchtete. Angst habe er nur vor folgender Rückmeldung eines imaginären Kritikers gehabt: »Sie haben ein ausgezeichnetes Fachbuch geschrieben. Große Klasse. Aber erstaunlich ist, dass es mit dem Schreiben so geklappt hat – bei Ihren Wustfingern!« Erst die Biss-Analyse befreite ihn mit Mitte Dreißig von diesem Komplex! Spät, aber nicht zu spät!

Die ehrliche Biss-Analyse – und das sollte Sie nicht irritieren – schwächt im ersten Moment. Sie sehen wie unter dem Vergrößerungsglas die eigene Verletzlichkeit. Das schmerzt, und Sie fühlen sich klein und zerbrechlich. Aber dann gilt es, den Spieß kognitiv umzudrehen. Jetzt stellen Sie Ihr Denken sozusagen auf den Kopf: Beziehen Sie aus Ihrer größten Wunde Stärke! Wenn Sie sich vor Augen halten, das diese Anklage, diese Unterstellung, die Verletzung das Schlimmste ist, was Ihnen verbal angetan werden kann, dann werden Sie diese Erkenntnis als ungemein befreiend empfinden. Schlimmer kann es nicht mehr kommen. Die Höchststrafe, das Gemeinste, das Ihnen zugemutet werden kann, ist damit bekannt – und verliert seinen Schrecken! Sie haben im Auge des Kritik-Hurrikans das furchtbarste Feedback gesehen, das es für Sie geben kann. Das war es. Mehr gibt es nicht. Das Faszinierende daran ist: Haben Sie diese Erkenntnis gewonnen, geht die Angst vor kritischen Zurechtweisungen verloren! Das hat sehr wohltuende Konsequenzen: Künftig werden Sie sich konfliktbeladenen Situationen im Beruf sehr viel entspannter stellen. Sie haben das Schlimmste bereits hinter sich. Alles was nun kommt, sind Kinkerlitzchen. Daher empfehle ich Ihnen: Wenn Sie schon am Morgen wissen, dass der Tag viel Ärger bereithält, dann stellen Sie sich vor einen Badezimmerspiegel und sagen Sie laut und deutlich: »Komm Tag, gib es mir! Mach mich fertig! Immer rein in meine Wunden, die ich kenne und die so richtig schmerzen!« Nach dieser – zugegebenermaßen – etwas masochistischen Prozedur gehen Sie gestählt ins Büro. Der Konflikt, die Gemeinheiten können kommen. Ihre Gegenspieler geben sich richtig Mühe, Sie zu konfrontieren – aber die entscheidenden Schwachpunkte treffen sie nicht. Die geäußerte Kritik prallt an Ihrer Gelassenheit ab. So richtig nehmen Sie den Konflikt auch gar nicht wahr, weil Sie auf die Höchststrafe warten – aber die erfolgt nicht! Darüber sind Sie fast ein bisschen enttäuscht: Von Ihrem Kontrahenten hätten Sie mehr erwartet! Ihre Gegenspieler irritiert solch stoische Gelassenheit – sie wissen ja nicht, dass sie mit ihrer Kritik daneben treffen. »Die hat Einstecker-Qualitäten«, wird gemunkelt, und das stimmt!

→ **Das sollten Sie sich merken:** Wer seine tiefsten Geheimnisse und Verletzlichkeiten kennt, dem kann Kritik entlassen entgegensehen. ■

Ziehen Sie sich zurück und überlegen Sie in schonungsloser Offenheit gegenüber sich selbst: Was würde Sie am stärksten verletzen? Gibt es einen Konflikt in der Vergangenheit, der Sie immer noch belastet, weil Sie Schuld auf sich geladen haben? Gibt es eine Situation, die Ihnen immer noch Schweißperlen und Schamröte ins Gesicht treibt? Fixieren Sie diese Situation schriftlich. Was konkret trifft Sie? Die Aussage eines geliebten Menschen? Ihr Verhalten? Das Verhalten anderer? Je genauer Sie für sich selbst erfassen können, was Sie fürchten, umso besser sind Sie gewappnet. Am Ende verbrennen Sie Ihre Aufzeichnungen sorgfältig, damit niemand von Ihrer Schwachstelle erfährt.

Sollte zufälligerweise doch jemand Ihre wunde Stelle treffen, haben Sie zwei Reaktionsmuster zur Verfügung: Erstens sollten Sie diesem Menschen zukünftig aus dem Weg gehen, da er offensichtlich ein hoch sensibles Gespür für Sie hat. Auf diese Nähe sollten Sie im Job verzichten. Die gehört eindeutig in die Privatsphäre. Zweitens könnten Sie diese Person heiraten, denn es wird kaum einen zweiten Menschen geben, der mehr Fingerspitzengefühl für Sie entwickeln dürfte.

Vor einem Punkt muss dringend gewarnt werden: Teilen Sie absolut niemandem Ihre tiefsten Verletzlichkeiten mit! Egal wie nah und vertraut Ihnen Ihre Kollegen sind – das sind Geheimnisse, die Sie auf jeden Fall für sich behalten sollten. Fragt man Sie dennoch danach, etwa in einem Persönlichkeitsseminar, sind Sie vermutlich bei einer Psycho-Sekte gelandet. Die nutzt diese intimen Kenntnisse, um ihre Anhänger in eine psychische Abhängigkeit zu treiben. Verlassen Sie sofort den Raum. Wer Ihre größten Schmerzstellen kennt, kann dies ausnutzen und Sie gefügig machen. Das ist unbedingt zu vermeiden!

Gleiches gilt für private Beziehungen. Die Ergebnisse der Biss-Analyse sollten Sie weder besten Freundinnen oder Freunden, noch (Ehe-)Partnern verraten. In Zeiten schwerer Beziehungskrisen – und die durchläuft so gut wie jede langjährige Partnerschaft – wird dieses Wissen gerne gegeneinander verwendet. Zwar entschuldigt man sich meist am nächsten Tag wieder, doch das Verzeihen fällt nach so einer Verletzung schwer. Hier lehrt die Realität: Welche verbalen Waffen im Streit auch immer zur Verfügung stehen – sie werden genutzt, egal wie schmerzhaft dies ist.

Auch die kriminologische Opferlehre, die Viktimologie, weiß das: Benutzt wird, was vorhanden ist. So wird dringend vor der Waffe im Nachtschrank gewarnt, mit der der potenzielle Einbrecher in die Flucht geschlagen werden soll. Fakt ist: Nur selten wird sie gegen einen Kriminellen eingesetzt, sondern meist gegen den eigenen Partner oder die eigene Person (beispielsweise durch den Gatten) verwendet. Ohne die Schusswaffe hätte der zum Nudelholz greifen müssen. Sicher die bessere Alternative!

Entsprechend gilt für die Biss-Bremse: schonungslos die eigenen Verletzlichkeiten sowie Angriffspunkte analysieren und über das Ergebnis schweigen wie ein Grab. Das ist letztlich ein geringer Preis für einen souveräneren Umgang mit Kritik! Fest steht: Wer seine Biss-Bremse löst, fährt zügiger und angstfreier. Er stärkt seine Einsteckerfähigkeiten und lässt sich nicht so schnell von harten Angriffen verunsichern. Sie werden durchsetzungsstärker und gelassener. Entspannt auftreten, trotz verbalen Bombardements: das hat Größe!

Unterstützer oder Angreifer:
Ihr berufliches Umfeld

Wenn Sie sich positionieren möchten, müssen Sie nicht nur wissen, wo Ihre Stärken und Schwächen liegen. Sie benötigen auch einen Überblick darüber, welche Rolle Sie in der Firma einnehmen. Und Sie müssen wissen, wie Sie im Vergleich zu Ihren Kollegen, Mitarbeitern und Vorgesetzten dastehen. Notwendig ist also eine Statusanalyse. Die ist auch wichtig, damit Sie sehen, wer Ihre schärfsten Konkurrenten und Ihre wichtigsten Förderer sind. Nur wenn Sie wissen, wie die Rollen verteilt sind, können Sie das Machtspiel – »Menschenschach« wie oben schon genannt – formvollendet spielen.

»Menschenschach« klingt kaltherzig, hilft aber, die Zielsetzung dieses Kapitels zu präzisieren: Es soll Ihnen helfen, sich vom Bauern über den Läufer zum König zu entwickeln!

Wie sieht das subtile Kräfteverhältnis in Projekt- und Arbeitsgruppen sowie Abteilungen aus? Teams können sehr hilfreich und wohlwollend sein. Das wissen wir nicht erst seit den faszinierenden Ausführungen des Bestsellerautors Reinhard K. Sprengers. Aber sie können auch ein Ort sein, an dem getrickst und ausgestochen wird. In harmonischen Teams arbeitet man in der Regel, wenn das Feld gut bestellt ist: wenn

- es den Unternehmen gut geht,
- die Auftragslage stimmt,

- Strukturprozesse abgeschlossen sind,
- die Hierarchie klar geordnet ist
- die Führungsposten mit fähigen Menschen besetzt sind.

Wenn diese Voraussetzungen nicht erfüllt sind, können Teams gefährlich werden, denn sie sind eine Keimzelle von Wettbewerb und Intrigen. In Zeiten, in denen das Unternehmen schlingert und Arbeitsplätze freigesetzt werden sollen, wird der interne Konkurrenzkampf stärker. Solche Phasen produzieren Sieger und Verlierer, Täter und Opfer. Damit Sie zu den Siegern zählen, ohne gleichzeitig Täter zu werden, sollten Sie die Struktur der Teams, Abteilungen oder Arbeitsgruppen durchschauen, sie »lesen« können.

Das sollten Sie sich merken: Nur wer seine Mitarbeiter und Kollegen ausreichend kennt, kann die Kommunikations- und Entscheidungsstrukturen des Unternehmens strategisch nutzen. ■

Hilfestellung, wie dies zu bewältigen ist, liefert der »Diamant«.

Der Diamant – hochkarätig und lupenrein

Das Prinzip des Diamanten orientiert sich an der klassischen kriminologischen Subkulturforschung des New Yorker Professors Howard W. Polsky, der schon deswegen mit Vorsicht zu genießen ist, weil seine tellergroßen Hände bei der Begrüßung ebenso viel Schmerz zufügen wie seine messerscharfen Studien. Im Wissenschaftsjargon wird sein Diamant als »mikrosoziologische Kleingruppen-Analyse« bezeichnet. Der Begriff des Diamanten entstammt Polskys Idee, die Analysen grafisch umzusetzen. Die Diamanten-Analyse können Sie erfolgreich innerhalb wie außerhalb des Berufes einsetzen, denn sie ermöglicht Ihnen

- die Gruppenstruktur einer kriminellen Jugendgang in Moskau oder Sidney zu untersuchen,
- die Teamstruktur in einer Hamburger Werbeagentur zu erfassen,
- die Kommunikationsstruktur innerhalb eines Mietshauses zu dokumentieren,
- die Rollenaufteilung des Vorstandes bei Volkswagen darzustellen oder
- jede beliebige Leitungsgruppe jedes beliebigen Unternehmen zu analysieren.

Kurz: Die folgenden Ausführungen liefern Streetgang-Wissen für den persönlichen Wettbewerb in der sozialen Marktwirtschaft.

Glücklicherweise basiert diese Analyse auf einem äußerst einfachen und alltagstauglichen Grundkonzept, das Geschäftsfreunde und Mitstreiter in Anführer und in Statusschwache einteilt, in Wichtige und Isolierte, in oben und unten. Vor allem aber hilft dieses Prinzip zu analysieren, wer für und wer gegen Sie agiert, beziehungsweise auf wen Sie sich nun wirklich nicht verlassen sollten. Das Motto lautet: Schlagen Sie ruhig strategisch zu, um nach vorne zu kommen – aber treffen Sie bitte die Richtigen! Der Diamant wird Ihnen dies erleichtern!

Wer diese Analyse im Unternehmen, im Team, in der Arbeitsgruppe oder bei den Vorstandskollegen anwendet, wird wahrscheinlich zu folgenden Resultaten kommen: Sie werden aller Voraussicht nach noch erfolgreicher, weil Sie Teamstrukturen schnell durchschauen und im eigenen Sinne nutzen können. Sie werden professioneller entscheiden, weil Sie genau wissen, wen Sie zukünftig fördern und wen im Status reduzieren wollen. Sie werden einflussreicher werden, weil Sie genau wissen, wer Sie erfolgreich unterstützen kann.

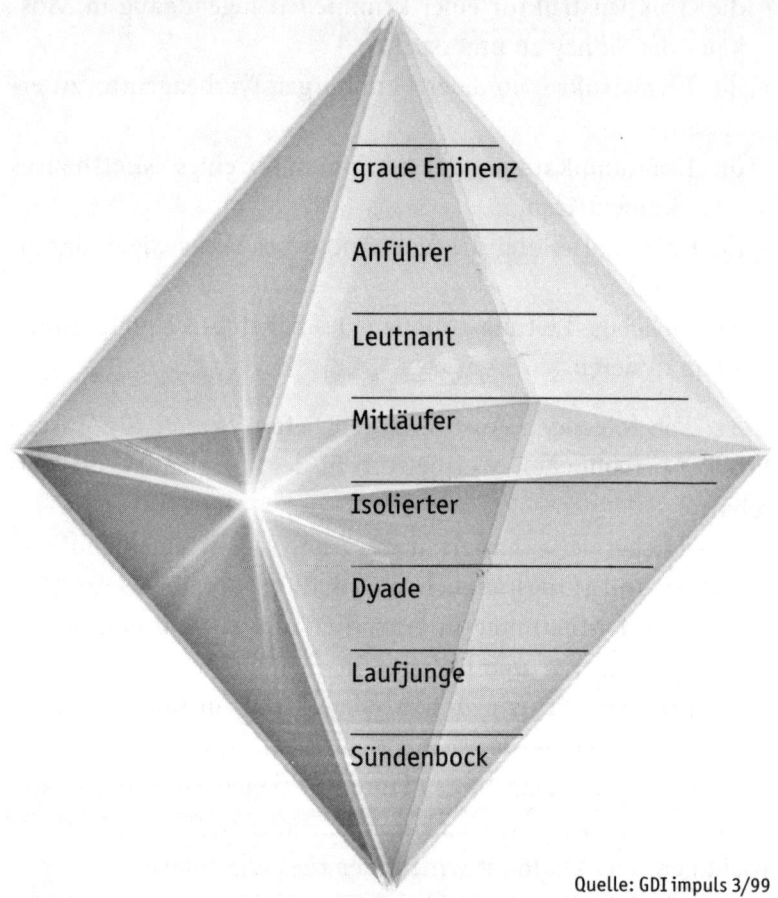

graue Eminenz

Anführer

Leutnant

Mitläufer

Isolierter

Dyade

Laufjunge

Sündenbock

Quelle: GDI impuls 3/99

Folgende Rollen im Diamanten sind zu vergeben:

- der Anführer: der lächelnde Sieger
- die graue Eminenz: die Macht im Schatten

- der Leutnant: der loyale Wadenbeißer
- der Mitläufer: der anpassungsbereite Dienstleister
- der Isolierte: der teamunfähige Querulant
- die Dyaden: zwei unwichtige Kollegen, die sich gegenseitig stützen
- der/das Laufjunge/-mädel: der/die Servicebeauftragte
- der Sündenbock: der ewig Schuldige

Diese Rollen sind in so gut wie jedem Team vertreten. Allerdings kann es sein, dass sie nicht zu 100 Prozent auf eine Person zutreffen – manche Menschen sind zu 70 Prozent Wadenbeißer und zu 30 Prozent Mitläufer. Wie Sie mit diesen Differenzierungen umgehen können, erfahren Sie weiter unten.

Anführer, graue Eminenz und Leutnants: die Dominanten im Team

Anführer gelten als die Klügsten, Stärksten und Machtvollsten. Sie haben die meisten Privilegien, sind beliebt (zumindest wagt niemand aufgrund ihres Einflusses gegen sie vorzugehen) und werden zum Teil sogar bewundert. Sie haben im Unternehmen keine wahren Freunde, denn ihre Wertschätzung ist an die Rolle gebunden, die sie einnehmen. Ihre Macht bedeutet Einsamkeit, bringt aber auch Vorteile: Wenn sie reden, schweigt die Menge. Niccolo Machiavelli, der Autor des Renaissancebestsellers und ersten Managementhandbuches *Il principe* (*Der Fürst*), nennt diese dynamischen Zeitgenossen *Condottiere*, die lächelnden Sieger. Sie strahlen Zuversicht und Standfestigkeit aus in einer verwirrenden, sich immer schneller verändernden Welt. Die *Condottiere* haben einen bestechenden Wettbewerbsvorteil: Bei gleicher Qualifikation werden die lächelnden Sieger bevorzugt, denn man arbeitet lieber mit ihnen zusammen als mit mürrischen Pessimisten. Den überlegenen Siegern ist ihr positives Denken ins Gesicht geschrieben. Stille Anführer herrschen sogar nur durch Blickkontakt und Gesten.

X **Beispiel:** Ein Beispiel aus der Werbebranche: Hier sind alle bevorzugt schwarz gekleidet und selbst frisch gebackene Hochschulabsolventen heißen schon Art-Director. Hierarchieverwischend sitzen die Werber an ovalen Tischen. Statusunterschiede sind auf den ersten Blick nicht zu erkennen. Aber alle, die reden, blinzeln für Sekundenbruchteile nach halblinks, denn da sitzt *er*, eingerahmt von seinen statushohen Creativ-Directors. Der stille, aber überlegene Anführer signalisiert Wohlwollen oder Desinteresse, an dem sich die Höflinge zu orientieren haben – zumindest, wenn sie weiterkommen wollen.

→ **Das sollten Sie sich merken:** Der Hierarchie ist nicht zu entkommen, auch wenn sie noch so subtil verschleiert wird ■

Die *graue Eminenz* ist als Macht im Hintergrund. Die klassische Besetzung ist der Senior-Chef, der nur noch sporadisch vor Ort ist, aber dessen Gedanken und Handeln Unternehmenskultur und -alltag prägen. Die Führungskraft, die es schafft, sich auf diesen alten Patriarchen zu berufen und die damit den Eindruck erwecken kann, in seinem Sinne zu agieren, gilt als fast unangreifbar.

X **Beispiel:** Eine angehende Justizführungskraft plant die Einführung eines neuen Therapieprogramms für Schwerkriminelle. Der zuständige leitende Regierungsdirektor lehnt die Idee ab. Mehrfaches Nachhaken nutzt nichts. Die Enttäuschung des Newcomers sitzt tief. Wochen später lernt er auf einer Party einen älteren, grau melierten Herren kennen. Die beiden verstehen sich, die Chemie stimmt und der Ältere bietet das Du an. Heiner heiße er. Gegen Mitternacht stellt sich heraus, dass der Graumelierte ebenfalls für die Justiz arbeitet: als Staatssekretär! Unser Newcomer nutzt die Gelegenheit, stellt sein abgelehntes Therapieprogramm kurz vor und erfährt Zustimmung. So gestärkt lässt er sich auf die Tagesordnung der nächsten Leitungskonferenz setzen. Er stellt dort erneut – zum Missfallen seines leitenden Regierungsdirektors – sein Programm vor und ergänzt dies mit dem kleinen, aber feinen Zusatz:

»Ich habe das Heiner am Wochenende vorgestellt. Der fand die Idee gut.«

»Welcher Heiner?«, fragt der Direktor.

»Heiner Hellmann.«

»Unser Staatssekretär?« Der Direktor hat sofort seine lässige Sitzhaltung verloren und steht innerlich »stramm«, zumal Hellmann als graue Eminenz der Justiz gilt.

»Ja.«

»Woher kennen Sie den denn?«

»Ach«, so unser Newcomer bescheiden, »das ist nur so ein privater Kontakt.«

Der Direktor checkt den Kontakt gegen, setzt danach eine Arbeitsgruppe ein und fördert das Therapieprogramm. Unser Newcomer ist nicht nur glücklich, sondern er erzählt rund siebzig Mal von seiner Begegnung mit Heiner – den er übrigens privat nie wieder treffen wird. Aber das ist egal, denn es hat sich in seinem beruflichen Umfeld der Eindruck festgesetzt, der Newcomer habe einen guten Draht nach oben ins Ministerium!

→ **Das sollten Sie sich merken:** Sollte Ihre graue Eminenz noch leben, versuchen Sie, sich in Entscheidungsfragen mit ihr abzustimmen. Erfahren Sie Unterstützung von der grauen Eminenz, werden Sie die Reaktion Ihres Umfeldes genießen können. ■

Die *Leutnants* sind die rechte Hand, der starke Arm des Anführers. Reden sie, unterstützen sie die Sicht der Chefs. Sie verfügen über weniger Privilegien, spekulieren aber auf die Nachfolge, sollte der Anführer aussteigen, pensioniert werden oder stürzen. Leutnants sind – solange ihr Anführer fest im Sattel sitzt – führungsloyal und vermeiden kritisches Feedback. Das Ansprechen von bitteren Wahrheiten fördert aus ihrer Sicht nicht die Karriere, sondern allenfalls lautstarke Dementis. Stattdessen verblüffen sie durch Tempo und Schlagfertigkeit. Das signalisiert Souveränität. Leutnants gelten in ihrem Loyalitätsverständnis als die »Verteidiger irrationaler Hypothesen«. Dazu ein Beispiel:

✗ **Beispiel:** Die Konferenz läuft seit 9.00 Uhr. Draußen strahlt die Mai-Sonne. Plötzlich merkt der Leiter an, dass er am Nachmittag schwere Graupelschauer erwarte. Die Konferenzteilnehmer wirken irritiert. Nichts deutet darauf hin. Nur der Leutnant blickt nachdenklich aus dem Fenster und teilt dann zur Überraschung aller mit: »Ich erinnere mich genau, im Mai '96 hatten wir eine ähnliche Situation. Bestes Wetter am Morgen und nachmittags faustdicke Hagelkörner ...« Die Teilnehmer schauen noch irritierter. Nur der Chef – nach außen ungerührt – lächelt innerlich: Sein Leutnant funktioniert noch. Er verteidigt selbst irrationale Wetterhypothesen. Der Chef nennt diese eingestreuten Behauptungen »Versuchsballons«. Sein Leutnant sieht das klarer. Er spricht vom »Loyalitätstest«.

Sind Sie nicht sicher, ob Ihre Leutnants Ihnen noch loyal folgen, sollten Sie ähnliche irrationale Hypothesen aufstellen und abwarten, wer Ihnen zustimmt und wer nicht. Erstere sind Ihnen treu ergeben, und das sollten Sie ruhig würdigen. Als kritische Ratgeber in Umbruchsituationen taugen diese Loyalen natürlich nichts. Aber dafür gibt es ja hoch bezahlte Unternehmensberater.

Mitläufer, Isolierte und Dyaden: die durchsetzungsschwache Basis jedes Unternehmens

Die *Mitläufer* sind die zahlenmäßig größte Gruppe der Mitarbeiter. Sie genießen die Protektion der Mächtigen, denn sie funktionieren. Genauer: Sie machen einfach das, was man von ihnen erwartet. Sie reden engagiert mit – wenn es um unwichtige Dinge geht. Sie scheuen sich vor Verantwortung, wollen nicht ins Kreuzfeuer der Kritik geraten, wollen nicht anecken und passen sich daher dem Mainstream des Unternehmens an. Sie interessieren sich für Gerüchte und sind offen für Vorurteile. Das bringt sie in ihrer Karriere zwar nicht weiter, gibt ihnen aber das Gefühl mitzureden. Gehört wird aber selten auf sie. Das erwarten sie auch nicht. Die Kommunikation dieser Mitarbeiter findet weniger im offiziellen Rahmen statt, ist aber räumlich leicht zu orten: Sie sammeln sich zum kollegialen Austausch sehr gerne um Kaffeemaschinen, in Raucherecken oder in hoch frequentierten Fluren, eben dort, wo die informelle Kommunikation stattfindet. Manche Führungskraft, die diese Mitarbeiter dort engagiert debattieren hört, fragt sich, warum dieses Engagement nie im Meeting zu vernehmen ist. Aber das hat Prinzip. Man nennt es »Engagement in der Bedeutungslosigkeit«. Ein Markenzeichen der Mitläufer. Diese suchen natürlich auch persönliche Vorteile im Kompromiss und können dabei mit der ganzen Verhaltensweisenpalette von Ehrlichkeit, Einfühlsamkeit bis zum aalglatten »Einschleimen« aufwarten. Sie sind machtflexibel, das heißt, dass sie jeder Führungskraft dienen können, unabhängig von deren Leitungsphilosophie. Sie liefern ihre Arbeit korrekt ab, tendieren zum Dienst nach Vorschrift und haben ihr Hauptaugenmerk auf die Familie oder Hobbys gerichtet. Diese Mitarbeiter machen nichts kaputt und reißen auch nichts raus. Sie sind im positiven Sinne Durchschnitt, fühlen sich damit wohl und bilden in ihrer Masse die Basis jedes Unternehmens.

Die meisten Teams, Abteilungen oder Arbeitsgruppen verfügen auch über *isolierte Persönlichkeiten.* Dies sind Mitarbeiter, die durch ihr Auftreten oder ihr Äußeres irgendwie aus dem Rahmen des Unternehmens herausfallen. Sie haben kaum Privilegien. Ihre Meinung interessiert nicht, auch wenn man sie in der Regel ausreden lässt. Selbst ihre produktivsten Anregungen werden nicht wahrgenommen, da jeder Gruppenteilnehmer die Redezeit des Isolierten als willkommene Auszeit betrachtet und seinen privaten Gedanken nachgeht. Sollte der Isolierte dieses Gewähren-Lassen missverstehen und seine Rede über Gebühr fortsetzen, wird man Wege finden, ihn abzuwürgen. Vermutlich wird ein Meetingteilnehmer abrupt eine Kaffeepause vorschlagen und alle werden dieser Anregung folgen – zur Verblüffung des Isolierten. Natürlich wird nach der Pause dem Betreffenden nicht noch einmal das Wort erteilt. Mitarbeitern, denen dies widerfährt, sollte klar sein, dass nur noch ein Teil ihres Gehaltes leistungsbezogen ist und der Rest als Schmerzensgeld eines Outsiders zu betrachten ist!

Dyaden haben es unwesentlich besser. Dyaden treten im Doppelpack auf. Man versteht darunter zwei statusniedrige Kollegen, die sich gegenseitig stützen. Sie können sich auf ihr gegenseitiges Wohlwollen verlassen. Dieses basiert auf Sympathie. Dyaden fallen im Unternehmen auf, weil sie häufig miteinander telefonieren, obwohl ihre Büros nebeneinander liegen, fast immer zusammen in der Kantine essen und – wenn es ganz schlimm kommt – auch noch am Wochenende gemeinsam zum Kegeln gehen. Sie schrecken nicht davor zurück, selbst bei unpassender Gelegenheit in großer Runde die »guten Ideen« des Dyadenpartners hervorzuheben. Das wirkt peinlich, ist aber nicht schlimm, da niemand anderes von ihnen erwartet. Im Übrigen interessieren die Eingaben der Dyade die statushohen Zeitgenossen nicht.

Laufjungen und Sündenböcke: das Gegenteil von Durchsetzungsstärke

Laufjungen (oder -*mädchen*) gelten im Team oder der Arbeitsgruppe als durchsetzungsschwach und statusniedrig. Man erkennt sie leicht: Sie übernehmen freiwillig und im vorauseilenden Gehorsam Dienstleistungen für die Oberen, signalisieren Harmlosigkeit und sind um das Wohl der anderen besorgt, nicht aber um ihr eigenes. Diese Mitarbeiter sprechen gerne von ihrer Selbstlosigkeit und hoffen auf Lob. Laufjungen erkennt man daran, dass sie hoch motiviert und freiwillig Betriebsausflüge, Firmenfeiern, Management-Seminare oder Adventure-Touren für das Team organisieren. Manchmal sorgen sie sogar in Meetings für Kaffee, Milch und Süßstoff und bringen – in der weiblichen Variante – Selbstgebackenes in der Vorweihnachtszeit mit. Das ist menschlich, sympathisch und nett. Es trägt zur angenehmen Atmosphäre bei – und ist aus machtstrategischer Rollenperspektive eine Katastrophe. Diese Art der Freundlichkeit gilt als Schwäche und Geste der Unterwürfigkeit in den

Augen machtorientierter Menschen. Einflussreiche »take kindness for weakness«, wie es mein ehemaliger US-Boss auf den Punkt brachte. »Service-Tussis und Butler-Typen übertrage ich keine Verantwortung. Die werden nicht ausreichend ernst genommen«, so ein Konzernabteilungsleiter, der seine Worte gar nicht böse oder abschätzig meint.

Diese Laufjungenrolle kann einem schneller verliehen werden, als einem lieb ist. Vor allem wenn man neu in ein Team stößt, besteht die Gefahr, dass man einen derartigen Status verpasst bekommt. Ein Beispiel:

✗ Beispiel: Der Lebensmittelmanager nennt es seine »Führungsfrauenfalle«. Sitzt er mit einer neuen Frau aus dem Führungskräftenachwuchs in einem Meeting, stellt er die Neue zunächst den alten Hasen vor und lobt sie in höchsten Tönen. Nach wenigen Minuten zeigt er sich dann irritiert, weil Kaffee und Tee auf den Konferenztischen fehlen. Der Manager sagt der Neuen, dass dieses nicht der Stil des Hauses sei. Üblicherweise sei für einen guten Service gesorgt (im Vorfeld hat er übrigens selbst das Sekretariat angewiesen, die Tische leer zu lassen). Er lässt daraufhin unverfänglich seinen Blick über die Gruppe am Tisch schweifen und schaut der neuen Kollegin tief in die Augen. Fühlt diese sich angesprochen, steht auf und ordert Kaffee und Tee, hat sie das Spiel verloren: Just ist sie zum Laufmädchen wider Willen gekürt worden. Die Kollegen sehen diese Entwicklung mit Erleichterung: »Unsere Neue ist nett und wirklich hilfreich. Die ordnet sich gut ein und unter«, so ein Teilnehmer des Meetings. Das sind keine Worte, die von Durchsetzungsstarken als Kompliment empfunden werden! Unser Lebensmittelmanager klagt allerdings in letzter Zeit, dass dieses Spiel nicht mehr so recht funktioniere: Vor kurzem habe er eine Kandidatin gehabt, die ihren Blick während des Tests erst gar nicht erhoben habe.

Die habe weiter in ihren Unterlagen geblättert und daher auch den auffordernden Blick des Managers nicht erwidert. Stattdessen habe sie laut und deutlich nur einen Satz gesagt, der aber klar signalisierte, dass dieses Spiel bei ihr nicht funktioniert: »Für mich bitte heute und in Zukunft ein Vittel-Wasser.« Daraufhin sei Herr Schumann aufgestanden und zum Konferenztelefon gegangen, um die Getränke zu ordern. Das verwunderte niemanden, denn aus der Perspektive der Konferenzteilnehmer gilt Schumann als Isolierter. Konsequenterweise erhielt er auch von niemandem Dank für seinen Service. Auch nicht von der Neuen, denn die hatte das Spiel durchschaut – und eine glänzende Karriere vor sich.

Das sollten Sie sich merken: Auch banale Machtspiele können Realitäten zementieren! ■ ←

Der *Sündenbock* hat eine bedeutende und häufig unterschätzte Rolle in Arbeitsgruppen. Er signalisiert Klarheit. Wenn sich ein Team auf einen Sündenbock geeinigt hat, gibt es einen bestechenden Vorteil für die Gruppe – zum Nachteil des Sündenbocks: Die Schuldfrage ist von vornherein geklärt. *In dubio contra reo*, im Zweifelsfall werden die Fehler stets beim Sündenbock liegen. Für die Arbeitsfähigkeit einer Gruppe ist dies von stabilisierender Bedeutung: Sie zerfleischt sich bei Unstimmigkeiten nicht gegenseitig. Stattdessen schießt sich das Team nach kurzem Disput – wie bei einem Nichtangriffspakt – zügig auf den Sündenbock ein. Fair ist das nicht. Selbst wenn alle wissen, dass dieser nicht wirklich schuld ist, steht wenigstens die Frage im Raum, warum der Sündenbock das Elend nicht verhindert hat. Eine böse Falle für den Stigmatisierten!

✗ Beispiel: Der Mitarbeiter (und Sündenbock) Lehmann versucht solchen Unterstellungen im Meeting Paroli zu bieten: »Was sollen diese Vorwürfe gegen mich? Das ist gar nicht mein Aufgabenbereich. Und im Übrigen: Der ganze hier kritisierte Ärger lief während meines Urlaubs. Da war ich in Portugal. Da war ich gar nicht hier! Das lass ich mir nicht wieder anhängen!« Das Team zeigt sich aber wenig beeindruckt von diesen Einlassungen. Wie im Chor schallt es zurück: »Das ist es eben, Lehmann. Immer wenn es hier um etwas geht, wenn Verantwortung zu übernehmen ist, wo sind Sie dann? Im Urlaub!«

Sündenböcken missfällt naturgemäß diese Rolle, aber sie haben wenig Chancen, ihr zu entkommen, denn alle im Team sind froh, dass es einen anderen erwischt hat. Die Bemühungen zur Gegenwehr des Sündenbocks bleiben meist nicht nur erfolglos, sondern werden als Beleg für die Unsouveränität und Überforderung des Stigmatisierten interpretiert. Wenn das Team behauptet, man sei ein Loser, dann ist es sehr schwer, dagegen anzuarbeiten. Die Soziologie spricht in diesem Fall von »Zuschreibungsprozessen«. Die Zuschreibung des Sündenbockstatus grenzt an Mobbing beziehungsweise Bossing. Einer der weit verbreiteten Fehler im Umgang mit Sündenböcken liegt in der Tatsache, dass dieses hässliche Interaktionsspiel übertrieben wird, und das ist nicht zu empfehlen! Denn wenn Sündenböcke überstrapaziert werden, kündigen sie und verlassen die Gruppe. Dies hat zur bitteren Folge, dass die Rolle neu zu besetzen ist – aber mit wem? Das ist sehr schwer zu kalkulieren, und wenn es schlecht läuft, trifft es Sie selbst.

> **Das sollten Sie sich merken:** Um zu verhindern, dass Sie den Sündenbock-Zuschlag bekommen, hilft nur eines: Pflegen Sie Ihren Sündenbock. Schenken Sie ihm hin und wieder einen guten Rotwein, ein Ticket für das Golfturnier, eine Karte für die Oper oder eine Schachtel »merci«. Bauen Sie ihn auf. Seien Sie gut im Bösen. Ihr Sündenbock wird dankbar sein und Ihnen treu ergeben bleiben. ▪

So nutzen Sie den Diamanten

Nachdem Sie nun die verschiedenen Rollen des Diamanten kennen gelernt haben, geht es darum, Ihr Wissen in die Praxis zu überführen.

Fünf zentrale Fragen sollten Sie stellen:

- Welche Rolle nehmen Sie selbst im Diamantengefüge ein?
- Welche Rollen nehmen Ihre wichtigsten Kollegen und Mitarbeiterinnen ein, mit denen Sie dauerhaft und eng zusammenarbeiten?
- Wer von denen gibt Ihnen Rückendeckung, auch bei Fehlern?
- Wer verhält sich Ihnen gegenüber neutral und ist damit unzuverlässig in Krisensituationen?
- Wer arbeitet gegen Sie und gehört damit zu Ihren Gegnern?

Beobachten Sie in Meetings und im Alltagsgeschehen den offenen und den verdeckten Umgang miteinander. Wer ist der heimliche Meinungsführer in Ihrer Firma, in Ihrer Abteilung oder im Team? Wer steht isoliert? Ziehen Sie zur Orientierung die obige Abbildung des Diamanten heran und versehen Sie die einzelnen Positionen mit Menschen aus Ihrer Abteilung.

Dabei werden Sie feststellen, dass sich manche Personen nicht hundertprozentig zuordnen lassen. Je nach Situation variiert ihr Verhalten. Wie man damit umgehen kann, zeigt folgendes Beispiel:

✗ **Beispiel:** Dr. Schellenberg – so die Analyse seines Chefs – ist zu 70 Prozent ein Leutnant und zu 30 Prozent ein Mitläufer. Außerdem bekennt Dr. Schellenberg – aus Sicht des Chefs – »mir gegenüber nicht Farbe, wenn es um schwierige Fragen geht. Der rettet meinen Arsch nicht, wenn es hart auf hart kommt. Der taucht elegant ab.« Diese Analyse reicht unserem Chef, um Schellenberg nicht weiter zu fördern. Er erwägt sogar, ihn auf die Abschussliste zu setzen, denn Schellenberg fehlt es offensichtlich an Loyalität. Unser Chef nimmt vom Abschuss aber schließlich Abstand, weil Schellenberg qualitativ hochwertige Arbeit leistet. Aber Strafe muss sein. Daher gibt der Chef dem Schellenberg eine Aufgabe, die er nicht bewältigen kann. Dieses Scheitern wird dann im Leitungsmeeting breitgetreten, sodass Schellenbergs Ruf leidet und der gute Doktor erst einmal kleinere Brötchen backen muss. Dieses Machtspiel nennt man übrigens »Statusreduzierung«! Und es macht deutlich: die Diamanten-Analyse kann zu konsequentem Handeln führen.

Beachten Sie genau, welche Rolle Sie im Diamanten einnehmen – und seien Sie absolut ehrlich dabei. Es nützt Ihnen gar nichts, wenn Sie sich ob Ihres Status etwas vormachen. Im Gegenteil: Dadurch können Sie sich nur schaden. Denn wie können Sie Ihr Umfeld strategisch nutzen, wenn Sie nicht wissen, wo Sie stehen?

Vielleicht müssen Sie einsehen, dass Sie mit Ihrer Rolle im

System überhaupt nicht einverstanden sind. Dann gibt es nur eines: Gehen Sie die Statusänderung an. Verharren Sie nicht in der einflusslosen Rolle des Mitläufers, Isolierten, der Dyade, des Laufjungen oder -mädchens oder des Sündenbocks. Dieser Abschied aus der beruflichen Bedeutungslosigkeit ist gar nicht so schwer. Es gilt das Wort: Gefahr erkannt, Gefahr gebannt. Den Diamanten in seinen Spitzen oben und unten abzufeilen, entspricht dem, was heute als »flache Hierarchie« gepriesen wird: Hausspitze und Basis rücken enger zusammen, verkürzen Kommunikationswege und Entscheidungsprozesse.

Was Sie dazu brauchen, ist die Bereitschaft, sich hierarchisch und vom Status her höheren und einflussreicheren Kollegen gegenüber positiv zu positionieren, frei nach Niccolo Machiavellis 500 Jahre altem Erfolgsprinzip »Mache die zu deinem Freund, die dir Unterstützung und Rückendeckung gewähren können!« Das fällt vielen netten Zeitgenossen schwer, die es als unangenehm empfinden, sich Kolleginnen und Chefs gegenüber wohlwollender zu benehmen, nur weil diese – im Sinne des Diamanten – als »wichtig« einzustufen sind. Sie finden das unangenehm anbiedernd – übrigens ganz im Gegenteil zu den Umworbenen: Die freuen sich nicht nur über die Aufmerksamkeit, sondern halten dieses Werben auch für angemessen: »Endlich haben die erkannt, wie wichtig ich bin«, so die oft nicht sehr bescheidene Selbsteinschätzung der Macher.

Konkret bedeutet: Wenn Sie analysiert haben, dass Sie derzeit eher Isolierter oder Mitläufer sind, aber gute Ideen haben, sollten Sie analysieren, wer die graue Eminenz im Unternehmen ist, also der wichtigste Berater der Leitung. Deren Aufmerksamkeit müssen Sie wecken, um sie dann für Ihre Ideen zu gewinnen. Im besten Fall wird die graue Eminenz die Leitung in Ihrem Sinne briefen, und Ihre gute Idee bekommt eine echte Chance. Im schlechtesten Falle bleibt alles beim Alten, Nachteile können Ihnen nicht erwachsen. Warum also nicht wenigstens probieren?

Es geht immer um dieselben Fragen:

- Wer sind die Entscheider?
- Worauf reagieren diese positiv?
- Wie verpacke ich meine guten Ideen so, dass die Entscheider sich damit identifizieren können?
- Wen schätzen die Entscheider besonders?
- Lassen sich diese Personen im Vorfeld gewinnen, sodass die Entscheider nur noch mit »Das haben Sie gut vorbereitet« schließen müssen?

Ähnliches gilt, falls Sie sich als Dyade identifiziert haben: Verabschieden Sie sich aus Ihrer Zweierfixierung und schließen Sie sich mit anderen Dyaden für eine gemeinsame Sache zusammen! So wird eine schlagkräftige Gruppe entstehen, die dann Themen oder Projekte voranzutreiben weiß. Diese schlagkräftige Gruppe wird in den Genuss der »Identifikation mit dem Aggressor« kommen, wie es die Psychoanalytikerin Anna Freud nennt, und von der Leitung erstmals umworben werden, weil diese selten Lust hat, sich mit einer Masse von Mitarbeitern gleichzeitig zu überwerfen. Angenehm, oder?

Als Laufjunge oder -mädel können Sie Ihrer Servicerolle nur durch Arbeitsverweigerung entgehen. Sie müssen sich dabei ein dickes Fell zulegen, denn das berufliche Umfeld wird verärgert darauf reagieren, dass Sie nicht mehr »funktionieren«, und Sie werden wahrscheinlich mit Liebes- und Anerkennungsentzug bestraft werden. Das ist zwar lächerlich, aber für Sie in der Situation schmerzhaft, denn gerade das »Geliebt-werden-Wollen« ist ja häufig der Service-Motivator. Aber wenn Sie nicht nur gut ankommen, sondern auch weiterkommen wollen, bleibt Ihnen dieser Weg nicht erspart. Das Gute daran: Nach zwei

Monaten haben sich alle daran gewöhnt, dass Sie der Liebe willen nicht mehr laufen. Jemand anderes wird die Rolle übernommen haben – bis auch er die Grundzüge der Peperoni-Strategie verinnerlicht hat!

Wollen Sie Ihre Position stärken und ein neues Projekt einbringen, sollten Sie sich immer die richtige Unterstützung sichern. Die Diamantenanalyse zeigt Ihnen, von wem Sie Support erwarten können. Beobachten Sie genau, wer in Ihrem Team Ihre Ideen stets kritisch hinterfragt und immer ein Haar in der Suppe findet. Von dort können Sie keine Zustimmung erwarten. Konzentrieren Sie sich auf diejenigen, die loyal zu Ihnen stehen. Und achten Sie darauf, dass diese in der Hierarchie mindestens Leutnants sind!

Wie es nicht laufen sollte, zeigt das folgende Beispiel.

Beispiel: Eine Führungskraft aus der Werbeagentur hat eine bestechende Idee. Um diese im nächsten Meeting durchzuboxen, spricht sie im Vorfeld mit mehreren Konferenzteilnehmern per Telefon, beim Essen oder bei einem Glas Wein. Das klingt professionell. So weit, so gut! Nur eine wesentliche Kleinigkeit übersieht unser Macher: Er spricht mit den Falschen, mit Mitläufern, einem Leutnant (immerhin), aber ansonsten mit Dyaden und Isolierten. Natürlich stimmen diese ihm informell im Vorfeld zu. Sie wissen nämlich, dass die Entscheidung nicht von ihnen abhängt. Als unser Mann am Tag X im Meeting sein Anliegen präsentiert, sieht er sich nur abwägenden und zurückhaltenden Kollegen gegenüber. Keine offene Unterstützung, trotz der Zustimmungen in den Vorgesprächen. Der Manager ist enttäuscht. Zu Unrecht, denn er hat Strategiefehler begangen. Er hätte den Kopf der Gruppe gewinnen müssen oder die graue Eminenz. Dann wären ihm alle – wie beim Domino – zu Füßen gefallen. Die abendlichen Telefonate und den Weißwein hätte er sich sparen können. Stattdessen wäre Konzentration auf die Meinungsmacher erfolgversprechend gewesen.

→ **Das sollten Sie sich merken:** Sollten Sie zu den Statusschwachen zählen, bringen Sie Ihre guten Ideen nie allein oder nur mithilfe der Mitläufer, Isolierten oder Dyaden ein. Qualität allein reicht leider nicht, um Gutes durchzusetzen. Suchen Sie sich einen Leutnant, eine graue Eminenz oder einen Anführer als Fürsprecher, und Ihre Worte erhalten das Gewicht, das sie verdienen! ■

In anderen Fällen kann es durchaus nutzen, wenn Sie sich beispielsweise auf den Sündenbock beziehen, wie das folgende Beispiel aus einem Non-Profit-Unternehmen zeigt:

X **Beispiel:** Die Leitungsgruppe umfasst zwölf Mitglieder, einschließlich eines stellvertretenden und eines leitenden Direktors. Die Sündenbockrolle hat seit vier Jahren der Psychologe Kreuzer inne, an dem diese Zeit nicht spurlos vorbeigegangen ist. Er wirkt erschöpft und wehrlos – mit sporadischen und immer seltener werdenden (und ihn noch mehr diskreditierenden) kleinen cholerischen Ausbrüchen. Fakt ist: Kreuzer hatte sich seine Leitungsrolle anders vorgestellt. Für beide Direktoren ist er ein rotes Tuch wegen seiner endlosen Kommentare und seiner Fähigkeit, alles zu verkomplizieren. Das bringt Vorteile für die restliche Leitungsgruppe mit sich: So müsste Dr. Wiesner heute eigentlich eine Präsentation abliefern, mit der er aber nicht pünktlich fertig geworden ist. Verraten hat er das niemandem, zumal er als Schlusslicht auf der Tagesordnung steht. Die Punkte 1, 2 und 3 werden allerdings bedrohlich schnell abgearbeitet, sodass sich Wiesner zu einer unschönen Intervention gezwungen sieht – nur um nicht selbst dranzukommen: Er bringt – eher beiläufig – einen Vorschlag des Sündenbocks ins Gespräch, der die Direktoren schon im Vorfeld zum Grollen gebracht hat. Diese reagieren wie erwartet missmutig, was nun den Sündenbock in eine leidenschaftliche Verteidigungshaltung manövriert. Nach kurzer Zeit wird die Sitzung mit Wortmeldungen überschwemmt, wie immer, wenn es um eher Unwichtiges geht. Die Konferenz muss wegen dieser Debatte bereits nach Tagesordnungspunkt 4 abgebrochen werden. Dr. Wiesner ist erleichtert und geradezu begeistert, als sein Direktor ihn im Anschluss um Nachsicht bittet, da er sich mit seiner Präsentation umsonst vorbereitet habe. »Kein Problem«, ist Wiesners kurze Antwort. Was immer man von Dr. Wiesner halten mag – er verließ tief befriedigt diese Sitzung und fühlte sich fantastisch. Machtspiele können eben Balsam für die Seele sein.

Dieses Beispiel zeigt – neben dem unbestreitbaren Nutzen des Sündenbocks – noch etwas weiteres: Wenn Sie die Ideen eines Statusschwachen unterstützen (und seien diese Ideen noch so gut), begeben Sie sich auf dünnes Eis. Für Ihr Umfeld kann es so erscheinen, als würden Sie sich mit einem Dyaden oder einem Isolierten solidarisieren. Das wirft ein schlechtes Licht auf Sie.

Das sollten Sie sich merken: Unterstützen Sie nie die (selbst guten) Ideen der Statusschwachen, weil Sie sonst Gefahr laufen, selbst als schlechter Machtspieler mit denen assoziiert zu werden. ■

Sollten die Ideen allerdings zu gut sein, um ignoriert zu werden, bringen Sie diese selbst zu einem späteren Zeitpunkt ein

– mit einer leicht veränderten Fragestellung. Und danken Sie im Nachhinein dem Ideengeber – unter vier Augen.

Sie sehen: Wer Mitarbeiter und Kollegen mit der Diamantenanalyse einteilt, erhält einen besseren Überblick über sein berufliches Umfeld. Wahrscheinlich wird Sie auch die eine oder andere Überraschung erwarten: Mancher Mitläufer entpuppt sich in schwierigen Verhandlungssituationen wider Erwarten als loyaler Leutnant.

Sie erkennen auch: Wer nicht in der Lage ist, seine Umgebung diesen Rollen zuzuordnen, der wird seine Ideen und Konzepte kaum strategisch durchsetzen können. Wer die Rollen im Team nicht kennt, kann die Mitarbeiter nicht gezielt und erfolgreich einsetzen. Vielleicht fördert dieser Unwissende sogar jene, die ihn heimlich bekämpfen: ein Kardinalfehler. Dem Unwissenden wird daher immer schleierhaft bleiben, warum Kommunikations- und Entscheidungsprozesse so und nicht anders ablaufen. Schade.

Das sollten Sie sich merken: Sie müssen in der Lage sein, den Diamanten zu steuern. Sonst können Sie nur mit Glück oder Intuition Ihre Ideen gezielt durchsetzen – und das ist mehr als gewagt, das grenzt an Leichtsinn! ■

Mehr Biss:
Strategien für Ihre Durchsetzungsstärke

Abwehrrhetorik – Ihr Schlagfertigkeitstraining

Wer im Sommer im Cabrio durch eine Großstadt fährt, der wird an roten Ampeln ein merkwürdiges Schauspiel erleben: In den wartenden Nachbarautos reden die Menschen vor sich hin. Manche telefonieren durch die Freisprechanlage. Andere singen Freddy Quinns »*Junge, komm bald wieder* ...«. Und die dritte Gruppe ist die, die uns interessiert. Sie redet erregt auf das Lenkrad ein. Diesen Menschen fällt nämlich gerade jetzt – hier vor der Ampel – ein, was sie vorhin im Meeting hätten erwidern sollen, als sie angegriffen wurden. Aber jetzt ist es zu spät. Das macht sauer.

So geht es vielen Menschen. Sie müssen sich ärgerliche Kommentare an den Kopf werfen lassen und wissen in dem Moment nichts zu erwidern – sie sind nicht schlagfertig. Das ist auch kein Wunder, denn die Reaktionszeit auf derartige kollegiale Angriffe umfasst nur wenige Sekunden. Die blitzschnelle Schlagfertigkeit eines Thomas Gottschalk ist notwendig, um sie zu bestehen. Aber wer hat die schon? Damit sind die Angegriffenen eklatant im Nachteil gegenüber den Angreifern: Die haben sich die Attacke nämlich schon gestern Abend zurechtgelegt, sie rhetorisch ausgefeilt und sich darauf gefreut, die verbalen Giftpfeile heute abschießen zu können. Wer in dieser

Situation nicht über eine solide Abwehrrhetorik verfügt, steht mit staunenden Augen dumm da und lässt sich – vielleicht sogar vor versammelter Mannschaft – abwatschen. Nicht gerade ein Zeichen für Durchsetzungsstärke!

Was können Sie tun? Wie reagieren Sie am besten darauf, wenn jemand verbal die Schwelle von Nähe und Distanz überschreitet?

→ **Das sollten Sie sich merken:** Wer sich vor Ihrer Schlagfertigkeit, Ihrer Abwehrrhetorik fürchtet, wird Sie nicht angreifen. Angreifer suchen sich Schwächere. Das ist bei verbalen Angriffen nicht anders als in der Gewaltkriminalität! ■

Der erste Schritt zur Gegenwehr: Setzen Sie sich gründlich mit Abwehrrhetorik auseinander, denn Abwehrrhetorik

- ermöglicht Ihnen schlagfertige Erwiderungen, die Ihnen Zeit zum Nachdenken verschaffen, bevor Sie inhaltlich auf die Angriffe eingehen;
- ist die Kunst der vorher (!) zurechtgelegten bissig-humorvollen Antworten;
- ist nicht spontan;
- ist wiederholt geprobt worden, zum Beispiel daheim vor dem Badezimmerspiegel.

Alle Abwehrrhetorik beginnt mit einem Nein. Ein Nein kann so schön sein wie der Duft von Chanel No. 5 und entfaltet genauso betörend seine Wirkung. Wichtig ist dabei: Begründen Sie Ihr Nein nicht, das fordernde Gegenüber wird schon genügend Gegenargumente parat haben, um Ihr Nein zu entkräften. Stattdessen sollten Sie Ihr Nein mit nur einem einzigen Satz ergänzen: »Und denken Sie mal genau darüber nach, warum

Nein!« Sie werden verblüfft sein, wie viele Menschen tatsächlich beginnen zu grübeln.

Richtig beeindruckend ist es, wenn Sie grundlos Nein sagen und den oben genannten Satz nachschieben, obwohl Ihnen selbst beim besten Willen kein Grund zur Ablehnung einfällt. Ihr Gegenüber wird schon ausreichend Fantasie haben, um einen ihm einleuchtenden Ablehnungsgrund zu finden, ansonsten wird er bis zum Sankt-Nimmerleins-Tag darüber nachgrübeln. Gut so!

Männer reagieren übrigens besonders sensibel, denn sie sind das berufliche Nein von Frauen kaum gewöhnt. Genauer: Sie hassen es. Frauen, die einfach Nein sagen, die keine weiteren Erklärungen nachliefern, die ihr Gegenüber damit einfach stehen lassen oder ihm womöglich eine unangenehme Aufgabe mitgeben (»... denken Sie darüber mal nach ...«) – das ist für Männer die Höchststrafe.

Am besten üben Sie das Nein-Sagen zunächst in völlig unwichtigen und unspektakulären Situationen:

Beispiel: Der Mitarbeiter Sebastian H. kommt in das Büro von Karin E. Er stellt eine Forderung in den Raum, die seine Organisationsfaulheit unterstreicht, und hofft auf die Hilfsbereitschaft seiner Kollegin: »Gib mir doch bitte mal dein Papier. Der Kopierer ist leer« (H. ist wie immer zu faul, sich das Papier aus dem Nebengebäude zu holen). Karin E. hat die Nase voll von H., der ständig Servicewünsche äußert. Sie antwortet, obwohl sich das Papier in ihrem Schrank stapelt, ohne den Blick zu heben: »Nein!« H. ist verblüfft, hakt pseudocharmant nach und bekommt die volle Breitseite: »Nein – und denk mal darüber nach, warum Nein!« Erst bei diesem Nachsatz hebt sie die Augen und blickt ihn an. Sebastian H. verlässt irritiert das Büro – und kommt wenig später noch einmal vorbei. Er fragt:

»Hast du wegen meiner Sprüche in der Betriebsversammlung Nein gesagt?« Karin E., die davon bis dato noch gar nichts gewusst hatte, antwortet nur trocken: »Nein, deswegen nicht.« Schön schlagfertig und mit schönem Nebeneffekt: Sebastian H. geht von nun an zum Schnorren in andere Büros.

Wenn Sie sich etwas sicherer fühlen, wenden Sie das Nein auch in schwierigeren Situationen wie beispielsweise einem Gehaltsgespräch an:

✗ **Beispiel:** Die Mitarbeiterin eines großen Automobilkonzerns setzte dieses Nein spontan um. Wenige Tage nach einem Briefing in einem meiner Managementseminare tauchten ihre beiden Chefs in ihrem Büro auf. Dies kommt nur selten vor und roch darum nach Ärger. Die beiden boten ihr eine längst überfällige Gehaltserhöhung an – allerdings in indiskutabel niedriger Höhe.

»Geht das so in Ordnung?«, fragte Chef Nummer eins.

»Nein«, antwortete sie kurz und ergänzte: »Und denken Sie einmal darüber nach, warum Nein!«

Die Chefs waren völlig verblüfft und verließen irritiert das Büro, weil ihr kleiner Überfall fehlgeschlagen war. Eine halbe Stunde später kehrten sie zurück, um unserer Frau ein höheres Gehalt zu offerieren. Die Mitarbeiterin stimmte nun zu und mailte mir wenig später ihren Erfolg. Ich antwortete ihr, dass es mich sehr für sie freue und dass dieses Mehrgehalt eindeutig auf mein Briefing zurückginge. Daher könne sie mir guten Herzens 10 Prozent der Summe zukommen lassen. Ihre Antwort: »Nein – und denken Sie mal darüber nach warum Nein« Die Frau hat etwas gelernt!

Sollte es Ihnen anfangs sehr schwer fallen, einfach Nein zu

sagen, dann bitten Sie Ihr Gegenüber um eine Stunde Bedenkzeit. Nach dieser Frist rufen Sie den Bittenden an und sagen über das Telefon schlicht »Nein« – ohne jede weitere Begründung. Proben Sie das Nein-Sagen zu Hause. Stellen Sie sich vor den Spiegel und üben Sie es. Denken Sie darüber nach, in welchen konkreten Situationen Ihr eindeutiges Nein gefordert sein könnte. Stellen Sie sich vor, wem Sie eine Bitte abschlagen. Spielen Sie in Gedanken diese Szene mehrfach durch, dann fällt Ihnen Ihr Nein in der Realität wesentlich einfacher.

Bei substanziellen Problematiken ist ein einfaches Nein natürlich zu unnuanciert. Dennoch gilt es, sich rhetorisch Zeit zu verschaffen, um überfallartigen Angriffen entschieden Paroli bieten zu können, anstatt sich sofort und womöglich hilflos zu rechtfertigen. Folgende Formulierungen sind als Erstabwehr zu empfehlen und können jederzeit individuell ergänzt werden:

- »Entschuldigen Sie, ich habe nicht zugehört ...«
- »Ich denke, das gehört nicht hierher ...«
- »Sorry, kleinen Moment bitte. Ich bin gleich wieder da ...« (den Raum mit vorgetäuschtem Magendrücken für ein paar Minuten verlassen, um Zeit für die Gegenrede zu finden)
- »Das ist wirklich interessant. Ich denke darüber nach ...« (Im Timer notieren »Salzmann ist und bleibt ein Mistkerl« – während Herr Salzmann verblüfft und erfreut ist, weil er glaubt, Sie schreiben seine dusselige Kritik gerade auf.)

Etwas bissiger sind folgende Erwiderungen:

- »Jetzt wird mir klar, wie Sie denken ...«
- »Für akademische Zirkel eine eher unübliche Frage.«
- Oder mit dem Lieblingssatz einer nicht zu empathischen Eigentümerin: »Schön, dass Sie eine Meinung formulieren, an der ich kein Interesse habe!«

Es ist gleichgültig, welchen Satz Sie sich zurechtlegen. Problematisch wird es bei Machtspielen nur, wenn Sie keinen haben. Dann stehen Sie wie ein begossener Pudel da oder – noch schlimmer – verstricken sich in Rechtfertigungsarien und Widersprüche, aus denen Ihnen ein solider Strick gedreht werden kann. Sollten die obigen Angebote nicht Ihrem Stil entsprechen, denken Sie bitte über Adäquates nach.

Erinnern Sie sich dafür an vergangene Angriffe: Wie hätten Sie gern darauf reagiert? Welche Antwort ist Ihnen erst eine Viertelstunde später eingefallen? Notieren Sie diese. Stellen Sie eine Liste zusammen mit Sätzen und kleinen Abwehrbissigkeiten, die Sie in der Vergangenheit gern eingesetzt hätten.

Richten Sie nun Ihr Augenmerk auf die nächste Woche: Was kommt auf Sie zu? Welches Meeting steht auf dem Plan? Gibt es in dieser Runde einen Menschen, der Ihnen oft an den Karren fährt? Wird er das womöglich nächste Woche wieder tun? Können Sie sich vorstellen, dass einer Ihrer Sätze diesen Menschen treffen könnte? Oder müssten Sie dafür noch etwas an der Abwehr feilen? Kein Problem: Noch haben Sie Zeit – und wenn es so weit ist, sind Sie gerüstet. Üben Sie Ihre Abwehrsätze zu Hause. Sprechen Sie sie vor dem Spiegel, bis sie Ihnen ganz flüssig über die Lippen sprudeln. So stellen Sie sicher, dass Sie sich im Eifer des Gefechts nicht verhaspeln – das ist eher peinlich und nicht sehr souverän. Proben Sie Ihre Sätze auch mit unterschiedlichen Betonungen. Vielleicht lässt sich so noch mehr aus ihnen herausholen.

Die Abwehrrhetorik ist übrigens besonders wirkungsvoll, wenn bekannt ist, dass Sie zum Beispiel vom Senior-Chef protegiert werden. Dann entwickelt Ihre Schlagfertigkeit eine besondere Kraft, denn jeder Kritisierte befürchtet, dass die Abwehrattacke durch den Senior-Chef abgesegnet wurde. 1:0 für Sie!

Schlagfertigkeit passt in Machiavellis Sinne sehr gut zum modernen *Condottiere*, dem lächelnden Siegertypus. Schlagfertigkeit verblüfft und sie kann Spaß machen, in erster Linie natürlich Ihnen. Mit folgenden – nicht ganz ernst gemeinten – Formulierungen dürften Sie ein angriffslustiges Gegenüber zumindest verblüffen:

■ »Sagen Sie, darf ich mein erstes Magengeschwür nach Ihnen benennen?«

■ »Können Sie sich das vorstellen: Ein Tag ohne Sie ist wie ein Monat Urlaub!«

■ »Warum gehen wir beide nicht irgendwohin, wo jeder von uns allein sein kann?«

■ »Reden Sie einfach weiter, irgendwann wird schon was Sinnvolles dabei rauskommen.«

■ »Ich habe gerade zwei Minuten Zeit. Sagen Sie mir bitte alles, was Sie wissen.«

■ »Ihr Aftershave ist sicherer als die Pille.«

■ »Jedes Mal, wenn ich Sie anschaue, frage ich mich: Was wollte die Natur?«

■ »Ich vergesse nie ein Gesicht, aber in Ihrem Fall will ich einmal eine Ausnahme machen.«

■ »Sie schaffen es, dass man die Stille zu schätzen weiß!«

■ »Es gibt viele Möglichkeiten, einen guten Eindruck zu machen. Warum lassen Sie alle ungenutzt?«

■ »Sie gehören auch zu den Menschen, die sich von keinem Kleidungsstück trennen können, oder?«

■ »Sie würden klasse in etwas Langem, Fließendem aussehen. Ich denke da an den Rhein, die Elbe, die Donau ...«

Das sollten Sie sich merken: Bevor die Lust an der Abwehrrhetorik mit Ihnen durchgeht, gilt es zu beherzigen, dass man sich immer zweimal im Leben trifft! Daher gilt der dosierte Einsatz: Weniger ist oft mehr! ■ ←

Abwehrrhetorik kann auch sehr charmant eingesetzt werden
– und imponieren:

✗ Beispiel: Ein Hamburger Professor ist dafür bekannt, dass er
alle Studierenden, die zu spät in seine Vorlesungen kommen,
öffentlich kritisiert:»Ist das Ihr akademisches Selbstverständnis?«,»Soll das eine Karriere werden?« oder»Wir treffen uns
doch noch im Examen, nicht wahr?« sind seine gängigen Sätze.
Diese Unfreundlichkeiten führen dazu, dass die Studierenden
bei seinen Vorlesungen eine bemerkenswerte Pünktlichkeit an
den Tag legen. Zu-spät-Kommen wird da zur Mutprobe:
    Einer 22-jährigen Studentin des Sozialmanagements passiert
es dennoch. Sie bekommt die entsprechenden Kommentare um
die Ohren gehauen. Die Studentin irritiert das wenig. Ganz
ruhig geht sie in Richtung des Podiums, während der Professor
die Vorlesung über sein Headphone fortsetzt. Aus den Augen-
winkeln sieht er die Studentin ihren Weg nach vorne nehmen.
Und er wundert sich, da in den vorderen Reihen gut sichtbar alle
Plätze besetzt sind. Unbeirrt geht sie weiter, bis sie schließlich
direkt vor ihm steht. Er muss für einen Moment die Vorlesung
unterbrechen. Laut und deutlich hört er sie sagen – sodass es
über das Headphone in den Hörsaal übertragen wird:»Guten
Morgen, Herr Professor. Wissen Sie eigentlich, dass die Farbe
Ihrer Krawatte heute die Farben Ihrer Augen widerspiegelt?«
Der Professor glaubt nicht richtig zu hören und spürt, wie vom
Kragen her langsam sein Hals rot anläuft, was wiederum eine
andere Studentin aus der ersten Reihe zu dem Satz ermutigt:
»Ich glaube, er wird rot.« Der Farbgebungsprozess wird dadurch noch beschleunigt. Mutprobe bestanden. Die schlagfer-
tige Studentin hat es dem professoralen Grantler gezeigt – und
wird seitdem von ihm gefördert, denn dieser Mut, gepaart mit
Charme, imponiert ihm.

Wenn Blicke töten könnten – nonverbale Abwehrstrategien

Eines der beliebtesten und einfachsten Machtspiele liegt im nonverbalen Bereich: das Abchecken des Gegenspielers mit den Augen. Jeder weiß: Wenn Blicke töten könnten, wären viele zerstrittene Abteilungen ausgestorben. Die Augen gelten als Spiegel der Seele und verraten recht gut, was das Gegenüber von uns hält:

■ Werden Sie von oben bis unten taxiert, wissen Sie, dass Ihr Gegenüber versucht, Sie einzuschätzen: Wird der mir gefährlich? Ist der harmlos und unsicher? Kann ich den für mich gewinnen? Dem begegnen Sie am besten mit abschätzend-humorlosem Blick. Bei dieser Art des visuellen Ganzkörper-Abtastens sollten Sie Ihrem Gegenüber vor allem eines vermitteln: »Das schätze ich nicht!« Wird es dennoch fortgesetzt, setzen Sie den Gaffer als penetrant Lernunwilligen auf Ihre »Abstellgleis-Liste«: Unterstützung wird er von Ihnen nicht mehr erfahren.

■ Werden Sie mit stechendem Blick fixiert, drängt Ihnen jemand einen Machtkampf auf und hofft, dass Sie dem Angriff nicht standhalten können. Sicher ist: Der sieht in Ihnen eher nicht den Partner, sondern ist auf Wettbewerb und Konkurrenz aus. Also Vorsicht! Hier hilft gelangweiltes Ignorieren, gepaart mit der Andeutung eines Gähnens. Nichts nervt Angreifer so sehr wie die Ignoranz ihrer nonverbalen Attacken!

■ Schaut man Ihnen als Frau tief in die Augen und dann unverblümt 35 Zentimeter tiefer, dann dürfen Sie getrost schlussfolgern, dass der Gaffer nicht viel Respekt vor Ihnen hat. Der Busenblick verrät, dass hier ein Macho nicht so sehr an den professionellen Qualitäten der Kollegin interessiert ist. Solch chauvinistisch orientierte Männer werden sich meist schwer damit tun, Frauen als gleichberechtigt wahrzunehmen, wenn es beruflich ernst wird. Daher sollten Sie diese Männer immer auf Distanz halten und kein Vertrauen aufbauen – selbst wenn sie sehr charmant auftreten. Hier hilft der »strenge Mutterblick« der Queen à la »I am not amused«, während man gleichzeitig seinem Nachbarn etwas Belangloses zuflüstert (»interessantes Meeting heute ...«), den Busen-Glotzer aber im Auge behält. Der denkt, Sie berichten von seinen sexuellen Neigungen, fühlt sich ertappt und läuft wahrscheinlich puterrot an. Solche Glotzer schätzen es gar nicht, wenn Dritte von ihren schlüpfrigen Blicken erfahren!

■ Werden Ihnen freundliche, wohlwollende Blicke zugeworfen, dann haben Sie es wahrscheinlich mit Zeitgenossen zu tun, mit denen sich ein gemeinsames Kantinenessen lohnen würde, denn diese netten Aufgeschlossenen werden Ihnen bereitwillig die informellen Strukturen und Verbindungen der Firma erläutern.

■ Kann Ihr Gegenüber Ihnen gar nicht ins Auge schauen, sondern blickt auf den Boden, auf den Schreibtisch, an Ihnen vorbei oder über Sie hinweg, kann das zum einen ein Zeichen für Schüchternheit sein. Die können Sie durch Komplimente und Gesten der Akzeptanz abbauen. Zum anderen kann aber etwas Gemeineres dahinter stehen: Ihr Gegenüber spielt nicht mit offenen Karten. Es verheimlicht Ihnen etwas Wichtiges und Unangenehmes. Ihr Gesprächspartner mag Ihrem Blick nicht begegnen, da er Angst hat, »erkannt« zu werden! Hier gilt es, dass Sie sich schnellsten schlau machen, um zu erfahren, was Ihnen verheimlicht wird.

Beispiel: So sagt der Prokurist einer Metallfirma aus Sachsen-Anhalt kurz vor Weihnachten: »Mein Verhältnis zum Eigentümer hat sich abgekühlt. Ich weiß nicht warum. Die Zahlen stimmen bei uns und zeigen sogar nach oben. Ich weiß nur, dass mir unser Chef ungefähr seit September nicht mehr in die Augen guckt und meinem Blick, wenn möglich, ausweicht. Mich irritiert das.« Zu Recht!

Im Januar klärt sich die Situation für unseren Prokuristen auf. Über einen ausländischen Vertragspartner erfährt er, dass es Verkaufsgespräche des Eigentümers mit einem ausländischen Investor gibt. Die Zukunft seiner Stelle als Prokurist ist damit unsicher. Der Eigentümer hat ihn nicht eingeweiht, weil er Angst hat, dass sich sein Prokurist – den er sehr schätzt – wegen der ungewissen Zukunft vorzeitig wegbewirbt. Das will er unbedingt vermeiden, obwohl er weiß, dass das nicht ganz fair ist. Deswegen mochte er ihm auch nicht in die Augen schauen!

Das sollten Sie sich merken: Ein ausweichender Blick kann existenzielle Folgen haben. Es lohnt sich, die Hintergründe zu prüfen! ■

Die effizienteste weibliche Abwehr ist der strenge »Mutter-Blick«. Dieser entfaltet besonders dann seine einschüchternde Wirkung, wenn Männer originell oder witzig wirken möchten. Statt auf die männlichen Humoresken einzugehen, blickt frau abweisend, strafend und vollkommen unamüsiert. Ein Blick, der keinen Widerspruch duldet. Die meisten Männer hassen diesen Blick, der sie an ihre Mütter erinnert, denn – egal ob sie Unternehmen und Institute leiten oder es auf andere Weise zu Anerkennung und Erfolg gebracht haben – in der Nähe ihrer Mutter mutieren sie wieder zu kleinen Jungen, die gehorchen sollen. Diese Mütter haben ihr Leben lang für ihre Söhnen gesorgt, sie haben immer das getan, was sie für ihre Kinder für das Beste hielten. Söhne, die gegen diese fürsorglichen Belagerung rebellierten, wurden durch den strengen Mutter-Blick abgestraft und zurück auf Kurs gebracht.

✗ **Beispiel:** Mich beeindruckte diesbezüglich der Auftritt eines gefürchteten, weil knallharten Unternehmers (51 Jahre), bei dem ich zum Frühstück eingeladen war. Mitten im Gespräch, auf seiner sonnigen Terrasse mit Talblick, stieß seine Mutter dazu. Sie sagte freundlich »Guten Morgen« und dann ein wenig strenger: »George (so der Name der Top-Kraft), bringe mir eine Tasse Tee.« George – er erklärte mir gerade das Wirtschafts- und Weltgeschehen – antwortete: »Einen kleinen Augenblick, bitte!«, worauf die Mutter nur – streng blickend – »George« zischte. Unser Mann sprang auf (sonst springt immer nur sein Umfeld), um in die Küche zu eilen. Er war dem strengen Mutter-Blick nicht gewachsen! Die Mutter genoss sichtlich ihren kleinen Triumph, ihre Macht über den Mächtigen und unterstrich dies mit einem kurzen Satz, der meinem Gastgeber sichtlich peinlich war: »Danke für den Tee. Bist ein guter Junge!«

Die meisten Männer können sich dem gestrengen Mutter-Blick nur schwer entziehen, weil er bei ihnen ein schlechtes Gewissen auslöst. Widersprechen hieße »Verrat am Lebensspender«!

Diese männliche Anfälligkeit für mütterliche »Befehle« können Frauen nutzen. Frauen, die im Beruf mütterlich-streng gegenüber Männern auftreten, haben es so unendlich leichter sich durchzusetzen. Am besten, Sie besorgen sich noch ein Foto von der Mutter des Chefs und tragen dann in Verhandlungen Mutters Lieblings-Twin-Set oder dieselbe Perlmutt-Haarspange. Frauen, die dies befolgen, werden feststellen, dass sich die Neigung der Chefs zu widersprechen massiv reduziert! Was will man mehr?

Das Beste: Dieser Blick kommt nicht von ungefähr. Sie können ihn üben: vor dem Spiegel oder im Beisein von männlichen Freunden, die bei der entsprechenden Mimik zurückmelden: »Jetzt blickst du ganz furchtbar. Grässlich! Du riechst nach mütterlichem Ärger!« Jetzt gilt es den Blick zu konservieren, bei Bedarf abzurufen und die Wirkung zu genießen.

Strategien, die Ihre Gegenspieler ins Schwitzen bringen

Strategien werden genutzt, um sich gegen zu forsche Kollegen und Mitarbeiter zu wehren oder auch um sich Wettbewerbsvorteile zu verschaffen. Bewährt haben sich besonders folgende Verfahren:

- Aufgaben, die quantitativ nicht zu bewältigen sind
- Aufgaben, die man nicht lösen kann
- die Konzentration auf das 3-Prozent-Defizit
- die Innovationsfalle
- das schmerzhafte Feedback-Timing
- die cholerische Inszenierung
- die Arbeitsgruppe als Bermuda-Dreieck
- die Frauen-Aggressivitätsfalle

All diese Strategien sollten nur angewandt werden, wenn man in beruflich existenzielle und karriereentscheidende Wettbewerbssituationen verstrickt ist. Für alltägliche kleine Konflikte sollten diese Strategien nicht verschleudert werden: Schießen Sie nicht mit Kanonen auf Spatzen! Sparen Sie Ihr Pulver für die wirklich lohnenden Gelegenheiten.

Aufgaben, die quantitativ nicht zu bewältigen sind

Zu den effektiven Durchsetzungsstrategien zählt es, Aufgaben an nörgelnde und kritisierende Kollegen und Mitarbeiter zu verteilen. Besonders wirkungsvoll sind Aufgaben, die quantitativ einfach nicht zu bewältigen sind. Sie verdoppeln ganz schlicht das Arbeitspensum, während Sie gleichzeitig so tun, als ob sich kaum etwas verändert hätten. Die so Überladenen werden ihren Job höchstwahrscheinlich nicht bewältigen können. Dieses nehmen Sie wiederum zum Anlass, die Mitarbeiter öffentlich zu kritisieren, etwa in dem Sinne, dass sie den Anforderungen des Unternehmens offensichtlich nicht mehr voll gerecht werden beziehungsweise dass das Zeitmanagement deutlich zu wünschen übrig lässt. In der Soziologie nennt man dieses »Interaktionsspiel«»Looping-Effekt«: Man überlastet jemanden bewusst, um dann zu monieren, dass er die Last nicht tragen kann! Bevor die Mitarbeiter begreifen, was hier eigentlich gespielt wird, sind sie schon in die Defensive gedrängt und ihr Ruf als Stütze des Unternehmens steht auf dem Spiel. Der Status der Überladenen bröckelt und damit auch die Bedeutung ihrer nörgelnden und kritisierenden Worte.

Diese Strategie lässt sich nicht nur aus der Chefposition bedienen. Auch an den Kollegen, der sich gern egoistisch vor der Team-Arbeit drückt, aber zumindest ein- bis zweimal im Jahr die Urlaubsvertretung übernehmen muss, kann man massenhaft Arbeit delegieren, die sich nicht aufschieben lässt. Nach dem Balearen-Urlaub sollte man der Vertretung nicht nur ein kleines Präsent überreichen, sondern auch seine Verwunderung zum Ausdruck bringen, dass dieses »normale Pensum« so viel Sorgen bereitet hat. Danach stimmt man sich mit der Leitung ab, zukünftig regelmäßig an die Vertretung Aufgaben delegieren zu dürfen, damit es bei den nächsten Vertretungen nicht wieder zu Engpässen kommt. Der Kollege ist nun ja schon bestens eingearbeitet, so Ihr schlagkräftiges Argument!

Diese Strategie ist die böse Überspitzung dessen, was vielen nicht so durchsetzungsstarken Menschen schwer fällt: das Delegieren. Die Fähigkeit, sinnvoll und fair Aufgaben an Dritte abzugeben, reduziert nicht nur das eigene Arbeitspensum, sondern signalisiert dem Gegenüber: »Ich traue dir diese Verantwortung zu!« Gerade durchsetzungsschwache Peperoni-Skeptiker zögern hier – auch weil sie dem heimlichen Gedanken folgen, dass sie den Job allein besser und schneller hinbekommen, was letztlich dazu führt, dass sie sich selbst mit Arbeit überhäufen. Es mag ja stimmen, dass man selbst immer noch ein bisschen genauer hinschaut – falsch ist es aber trotzdem, denn wer nicht delegieren kann, wird niemals führen dürfen!

Das sollten Sie sich merken: Die Fähigkeit, Aufgaben sinnvoll und glaubwürdig an Kollegen delegieren zu können, ist der sicherste Schutz, nicht selbst zum Opfer von Arbeitsüberlastung zu werden. ▪ ←

Wenn Sie feststellen müssen, dass Sie plötzlich das Arbeitspensum nicht mehr bewältigen können, obwohl Sie bis dato alles gut im Griff hatten, dann könnten Sie gerade selbst Opfer des »Looping-Effekts« werden.

Aufgaben, die nicht zu lösen sind

Eine weitere Möglichkeit ist, spezielle Aufgaben zu vergeben, die schlichtweg nicht zu lösen sind! Auch diese Hinterhältigkeit dient dazu, allzu ambitionierten oder intriganten Kollegen ihre Grenzen aufzuzeigen. Engagierte Mitarbeiter, die dieses Machtspiel nicht durchschauen, beißen sich an den unlösbaren Aufgaben die Zähne aus, ohne zu bemerken, was gespielt wird. Schnell können sie vor der versammelten Mannschaft – aufgrund ihres vermeintlichen Versagens – als ungeeignet für komplexe Problemlösungen hingestellt werden.

✗ Beispiel: Ein feinsinniges Beispiel dafür bietet der junge Abteilungsleiter einer staatlichen Behörde. Der ist bereits mit 31 promoviert und gilt als Kronprinz des Seniorchefs, der im nächsten Jahr in Rente geht. Dieser Abteilungsleiter bekommt nun eine Mitarbeiterin zugewiesen, die bereits mit 29 ihren Doktor hingelegt hat. Diese Frau ist engagiert und eine echte Bereicherung für die Abteilung. Eines Nachts schreckt unser Mann allerdings aus dem Schlaf hoch, weil er von einem Satz träumte, der wie in großen Werbelettern immer wieder vor ihm auftaucht: »Bei gleicher Qualifikation werden Frauen bevorzugt!« Schlagartig wird ihm klar, dass seine Kronprinzenrolle durch die Neue akut gefährdet ist, denn die ist mindestens gleich qualifiziert. Und Charme hat sie auch! Unser Mann grübelt die ganze Nacht über Wege aus diesem Dilemma. Er will Kronprinz bleiben. Er will den besser bezahlten Job des Seniors haben, denn er ist ehrgeizig, hat eine anspruchsvolle Frau und ist Mitglied in einem teuren Golfclub! Gegen 4 Uhr morgens hat er die Lösung. Er entscheidet sich dafür, ihr – mit der er sich ansonsten blendend versteht – einen Forschungsauftrag zu erteilen, den noch keiner gelöst hat, weder in Deutschland, noch in den USA. In jedem Leitungsmeeting fragt unser Abteilungsleiter in der Pause dezent die Neue – aber so, dass es alle gerade noch mithören können – wie weit sie denn sei. Ihre ehrliche Antwort: »Das hab ich noch nicht gelöst.« Drei Wochen zieht sich dieses Spiel hin. Danach hat die Neue ihren Spitznamen im Leitungsgremium weg: »Frau Hab-ich-noch-nicht«. Als potenzielle Führungskraft wird sie entsprechend nicht mehr gehandelt, und es überrascht kaum, dass unser Mann und nicht sie die nächste Durchstarterstelle bekommt – bei ihrem Image!

Wenn Sie plötzlich vor Aufgaben stehen, die Sie einfach nicht lösen können – obwohl Sie fachlich sehr versiert sind –, dann lohnt es sich, darüber nachzudenken, ob Sie nicht gerade mundgerecht als Opfer zubereitet werden. Was können Sie dagegen tun? Bleiben wir bei unserem Beispiel: Wie hätte unsere junge Doktorin cleverer reagieren können?

Es gibt einen alten Therapeutensatz: »Wenn du nicht mehr weiter weißt, frage deinen Klienten!« Übertragen auf unsere unlösbare Forschungsaufgabe heißt das, dass Frau Doktor hätte irritiert sein müssen, dass sie diese Aufgabe bei ihrer Intelligenz nicht in den Griff bekommt. Aber statt Selbstzweifel aufzubauen und ehrgeizig das Problem im Alleingang lösen zu wollen, hätte sie erfahrene Kollegen anrufen und sie nach Lösungsansätzen fragen können. Diese Externen hätten wahrscheinlich am Telefon laut gelacht, weil ihnen die Unlösbarkeit aufgefallen wäre, und gefragt, wer ihr denn den Job angedreht hat. Mit diesem Background-Wissen wäre sie in die nächste Leitungskonferenz gegangen und hätte den Direktor gefragt, ob er ihr eine Arbeitsbeschäftigungsmaßnahme zugewiesen hätte. Der Direktor, der diese Art von Machtspielchen für Zeitverschwendung hält und hasst, hätte verneint und daraufhin höchstwahrscheinlich den aufstrebenden Abteilungsleiter zu einem strengen Vater-Sohn-Gespräch gebeten ...

Die Konzentration auf das 3-Prozent-Defizit

Diese Strategie ist sehr effizient, denn sie kann die Betroffenen sehr irritieren und verunsichern, während man selbst mit Weitsicht brilliert. Diese Strategie beinhaltet, dass Sie sich ausschließlich auf die, auch nebensächlichsten, Fehler der Gegenspieler konzentriert. Viele Leistungsorientierte glauben, nur durch Kompetenz überzeugen zu können. Das ist natürlich nicht falsch: Kompetenz, Fachwissen und Qualität bilden unbestreitbar die Basis für jeden Aufstieg. Viele Menschen glauben weiterhin, dass man ihre Qualität erkennt (das ist richtig) und sie entsprechend fördert (das stimmt nicht). Viele Durchsetzungsschwache sind beseelt von einem ausschließlichen Glauben an Qualität und Substanz. Sie erliegen dem so genannten Dornröschen-Komplex, wollen also lieber »wachgeküsst« werden als selbst auf ihre Qualitäten hinzuweisen. Das ist naiv und kann machtstrategisch unangenehme Folgen haben: Wenn Machtspieler wissen, dass Sie sehr kompetent sind, werden sie sich noch mehr Mühe geben, Sie kleiner zu halten, als sie selber sind. Machtspieler schätzen schlaue Menschen – aber kompetenter sollten sie nicht sein und womöglich zur Konkurrenz werden. Diese potenziellen Nebenbuhler werden daher angegriffen. »Präventive Einflussreduzierung« nennt sich das.

Sehr geeignet für eine derartige Attacke sind Meetings, in denen Ihr anvisiertes Opfer eine Präsentation abliefert, die zu 97 Prozent Spitze ist, hervorragend ausgearbeitet und begründet. Sie sollten sich davon aber nicht irritieren lassen. Beißen Sie sich unbeirrt ausgerechnet an den 3 Prozent der Darlegungen fest, die nur durchschnittlich waren. Stellen Sie Detailfragen, die den Spitzenreferenten in die Enge treiben. Der Dialektiktrainer Albert Thiele nennt das die »Partisanentechnik«, die aus dem Hinterhalt hervorblitzt und deren boshafte Nachfragen mit der Hartnäckigkeit eines Bullterriers betrieben werden. Schön ist das nicht, aber sehr wirkungsvoll. Deshalb wird diese Technik sehr häufig gewählt: Schon viele Zeitgenossen wunderten sich, dass ihre sehr guten Präsentationen wegen eines winzigen, unwichtigen oder unüberlegten Details auseinander genommen wurden.

Das sollten Sie sich merken: Wenn Ihnen das widerfährt, merken Sie sich den 3-Prozent-Frager, und sehen Sie ihn ungeschminkt: Er zählt zu Ihren Gegenspielern, auch wenn dieser Kollege noch so höflich auftritt! ∎ ←

Wenn Sie selbst Opfer der 3-Prozent-Fragen werden, sollten Sie möglichst schnell versuchen, Kontakte in die Chefetage aufzubauen – oder zumindest Gerüchte über Ihren »guten Draht nach oben« streuen. Die Überkritischen werden schlagartig aufhören, Sie ins Kreuzverhör zu nehmen. Den Chefs wollen sie nicht ins Gehege kommen, denn auch diese Machtspieler bevorzugen leichte, nicht protegierte Opfer. Es gilt die alte Machtregel: Schieße nicht jene an, die von den Göttern liebkost werden!

Natürlich können Sie als Angegriffener auch auf das Einmaleins der Abwehrrhetorik zurückgreifen. Verschaffen Sie sich durch eine passende Erwiderung erst einmal Zeit zum Nachdenken: »Es ist sehr interessant, was Sie sagen und ich möchte jetzt keine spontane Antwort aus dem Hut zaubern. Lassen Sie mich ein wenig nachdenken. Ich maile Ihnen morgen meine Einschätzung zu ...«

Noch wirkungsvoller ist allerdings, einige befreundete Zuhörer (optimal ist es, wenn es drei sind) bereits im Vorfeld zu briefen. Rufen Sie sie am Vorabend an und deuten Sie an, dass Sie mit Gegenwind vom Kollegen XY rechnen. Bitten Sie offen darum, dass Ihre Unterstützer dann helfend in die Bresche springen: Kaum legt der 3-Prozent-Kritiker los, weisen die Gebrieften nacheinander darauf hin, dass dieses Randthema doch bitte in der Pause zu erörtern ist. Dem müssen Sie sich nur noch anschließen. Der Kritiker wird sich dem anpassen: einer gegen vier erscheint selbst ihm suizidal!

Die Innovationsfalle

Ambitionierte Menschen, die in ihrem Aufstieg ausgebremst werden sollen, konfrontiert man gerne mit dem Innovationsbegriff. Der ist positiv besetzt, prangt von jeder Firmen-Hochglanzbroschüre und beherbergt einige böse Fallen: Wenn Sie hören, Sie seien kreativ, besonders innovativ und auf jeden Fall die Unternehmensspeerspitze der Zukunft, dann sollten alle Alarmglocken bei Ihnen schrillen. Die Innovativen werden nämlich nur nach außen als zukunftweisend gelobt. Firmenintern gelten sie dagegen schnell als die Zerstörer alter Traditionen: Transportieren die Innovativen eine sehr gute, neue Idee, sind alle alteingesessenen, etablierten Mitarbeiter substanziell beleidigt, zumal ihnen diese Idee in den letzten fünf Jahren eben nicht gekommen ist. Mit innovativen Ideen bringt man vielleicht die Firma voran, Freunde macht man sich damit nicht im kollegialen Umfeld. Ganz im Gegenteil: Teile des Kollegenkreises werden es sich zum Hobby machen, Fehler beim Innovativen zu suchen, der intern als »Schlaumeier« und »Angeber« verunglimpft wird. Pathetisch formuliert: Das Mittelmaß sucht das Versagen bei der innovativen Lichtgestalt, um sich aus dessen Schatten zu lösen. Meist beginnt dies zunächst sprachlich: Man wird dann im Osten als »Besser-Wessi« oder »Treuhand-Adlatus« heruntergezogen, im Saarland als »Madame Wichtig«, in Nordrhein-Westfalen als »abgehobener Akademiker« oder in Hamburg als »unhanseatisch und traditionsfeindlich« stigmatisiert.

Für die Innovationsmacher wird die Neuinitiative so schon mal zum Bumerang. Nehmen wir ein Beispiel aus der Justiz:

Beispiel: Die angehende Führungskraft Krüger wird zum Abteilungsleiter ernannt. Der Mann ist froh, denn damit hat er endlich diesen wichtigen Karriereschritt gemeistert. Er bittet seine Direktoren dabei nur um eine Kleinigkeit: Er möchte sein Therapieprogramm für Kriminelle, das er vor seiner Ernennung erfolgreich etabliert hatte, weiterführen. Abteilungsleitung plus X, nennt das sein wortgewandter Direktor. Der ist nicht nur mit dieser Idee einverstanden, sondern derart begeistert, dass er die anderen vier alten Abteilungsleiter per schriftlicher Verfügung anweist, ebenfalls »plus X-Angebote« zu machen! Die Etablierten sind von der erwarteten Mehrarbeit wenig begeistert. In Leitungsmeetings wird Krüger deswegen gemieden. Man gibt ihm die Schuld an den Zusatzerwartungen des Direktors. Krüger ist darüber aber nur wenig überrascht, denn er weiß von den Schattenseiten der Innovation. Er reagiert auch nicht mit Retourkutschen gegen seine neuen Leitungskollegen, sondern lädt sie zum Mittagessen beim Italiener ein, verschenkt mal guten Rotwein und baut so die Ressentiments langsam ab. Als innovativ wird Krüger übrigens nie gelobt, dafür aber der Direktor, den das Ministerium für seine Therapieprogramme würdigt.

Werden Sie zur innovativen Kraft gekürt, dann muss das nicht zwingend etwas Gutes und Fortschrittliches heißen. Vielleicht sollen Sie nur zum innovativen Außenseiter abgestempelt und zum informellen Abschuss freigegeben werden!

Was können Sie in diesem Fall tun? Zunächst: Halten Sie durch. Die kritische Haltung des beruflichen Umfeldes zum innovativen Handeln ändert sich schlagartig, wenn Sie langen Atem beweisen und die Innovation etablieren können. Noch schneller geht dies, wenn Sie einen einflussreichen Fürsprecher in der nächsten oder gar übernächsten Hierarchiestufe finden können – oder Ihr kollegiales Umfeld dies zumindest vermutet. Am einfachsten ist es allerdings, wenn Sie die innovative Idee in einer Projektbeschreibung im Namen Ihres Chef (oder einer anderen Status-hohen Person, die Sie natürlich vorher gefragt haben!) in den Firmenverteiler geben. Das heißt: Sie entwerfen alles, und Ihr Chef kann damit – ohne Mehrarbeit – glänzen. Dann neidet Ihnen vielleicht der eine oder andere Ihre Idee, zur Kritik wird es aber nicht kommen, weil man um Ihre Rückendeckung von oben weiß. Störfeuer bleiben aus. Herrlich, oder?

Sie erfahren plötzlich einen wundersamen Wandel, eine Form nicht unangenehmer und doch kriecherischer Zustimmung, die alle Innovationsgestählten zur Genüge kennen: »Mensch«, sagen die ehemaligen Gegenspieler, »ich habe doch schon damals gewusst, dass Sie Ihren Weg gehen werden. Gratuliere. Und eines wissen Sie doch: Auf mich können Sie in Zukunft immer zählen!«

 Das sollten Sie sich merken: Wer keinen betriebsinternen Dank für Innovation erwartet, vermeidet Enttäuschungen! ■

Das schmerzhafte Feedback-Timing

Feedbacks müssen sein. Sie dienen dazu, Mitarbeiter zu loben oder auf Fehler hinzuweisen. Vor allem möchte man, dass die

Feedbacks vom Gegenüber wahrgenommen und umgesetzt werden. Dabei gilt: Je besser sich der Mitstreiter das Feedback merkt, um so wahrscheinlicher die Umsetzung des Angemahnten. Wichtige Feedbacks sollten Sie darum so timen, dass sie eine hohe »Einschlagwirkung«, also Nachhaltigkeit erzielen. Am besten ist dies zu »schmerzhaften« Unzeiten, beispielsweise am späten Nachmittag oder am frühen Abend, kurz vor Dienstschluss, zu erreichen.

Die tiefste Wirkung entfaltet diese Strategie am Ende der Arbeitswoche: Wählen Sie für ein besonders ernsthaftes Gespräch den Freitagnachmittag. Bitten Sie Mitarbeiter zu sich ins Büro, wenn bereits fast alle anderen gegangen sind. Sagen Sie: »Ich möchte, dass Sie einmal über Folgendes nachdenken ...« Dann schenken Sie ihm zwei Kritikpunkte mit kurzen, ruhigen, erläuternden Worten ein – und schicken ihn nach Hause ins Wochenende. Jetzt können Sie sich der Wirkung des Feedbacks sicher sein, da die Kritik in der Ruhephase des Wochenendes ihre volle Schönheit entfalten kann. Die Sätze sitzen. Das so praktizierte Feedback verpufft nicht. Sollte der Mitarbeiter allerdings am Montag noch irritiert wirken, muntern Sie ihn wieder auf: »Sie bleiben aber trotzdem einer unserer Guten!« Sollte er aber uneinsichtig sein, bitten Sie ihn zu einem weiteren Vier-Augen-Gespräch, am kommenden Freitag um 17.45 Uhr, denn »mein Terminplan lässt leider keine Alternative zu«. Die schmerzhaften Feedback-Timer spielen diese Karte meist nur bei jenen Mitarbeitern aus, die als kritikresistent gelten beziehungsweise dazu neigen, die geäußerte Kritik gleich wieder im Kollegenkreis zu zerreden, anstatt darüber nachzudenken.

Durchsetzungsschwachen Menschen ist das schmerzhafte Feedback-Timing zuwider. Die üben zwar auch Kritik, aber leider zu Zeitpunkten, die aus dem Verweis schnell einen Bumerang machen können. Zum Beispiel bevorzugen sie für ihre

Feedback-Gespräche den Dienstagvormittag um 11.45 Uhr – und begehen damit einen machtstrategischen Fehler, denn der zurechtgewiesene Kollege wird bereits während des Mittagessens in der Kantine über das »dumme Gerede des Chefs/der Chefin« herziehen. Das ist psychologisch erleichternd für den Kritisierten, weil sich sicher irgendeiner am Tisch finden wird, der ihm Recht gibt – vielleicht auch nur, um in Ruhe essen zu können. Fakt ist aber: Die Wirkung des Feedbacks ist bereits nach dem Essen verpufft! Das ist unerfreulich. Wählen Sie darum grundsätzlich nachhaltig wirksame Zeiten für Feedback-Gespräche!

✗ Beispiel: Meisterlich bedient das ein kaufmännischer Leiter: Der bittet zu Feedback-Gesprächen nur nach 19.15 Uhr. Er ist dafür berühmt-berüchtigt, dass er bei widerständiger Haltung des Gegenübers seine Vorstellungen präzise und in aller Ruhe immer wieder erläutert. Vor 20.30 Uhr ist man selten wieder aus der Firma heraus. Seitdem dies bekannt wurde, ist die Einsicht der Mitarbeiter groß, den Argumentationen des Leiters zügig zu folgen: »Vorauseilende Zustimmungsbereitschaft« nennen sie das.

Auch im Forschungsalltag ist ein gutes Timing die halbe Miete, wenn es um die fristgerechte Erledigung lästiger Aufgaben geht:

✗ Beispiel: Nehmen wir die Vorsitzende eines Forschungsausschusses. Sie sammelt die Exposés der Kollegen, um diese der Präsidialverwaltung vorzulegen, Immer wieder ärgert sie sich über die professoralen Fristüberschreitungen, die es ihr fast unmöglichen machen, diese Aufgabe pünktlich zu erledigen. Besonders stört sie, dass die Unpünktlichkeit ihrer Mitarbeiter an ihr hängen bleiben kann. Daher überlegt sie sich eine neue Zeitstrategie. Sie nennt sie »das sonntägliche 8.30-Uhr-Feedback«:

Punkt 8.30 ruft sie am Sonntagmorgen die überfälligen Professoren an, um sie an die Exposéabgabe zu erinnern. Die Angerufenen sich durchweg überrascht – gelinde gesagt. Manche fallen vor Schreck aus dem Bett, bei anderen hört sie das Fluchen des Ehepartners, der ebenfalls vom Klingeln des Telefons aus den Träumen gerissen wurde. Bei Dritten spricht sie auf den Anrufbeantworter (»Was für ein schöner Morgen, ich komme gerade vom Joggen und dabei fiel mir ein, bei Ihnen nachzufragen, ob ...«), bevor sie diese direkt auf dem Handy anruft.

Auf das Ergebnis ihrer Erinnerungstelefonate ist die Vorsitzende recht stolz: Nach nur zwei Sonntagen schnellte die Quote der pünktlichen Abgaben auf über 90 Prozent! In der Wissenschaft spricht man in diesem Fall elegant vom Wecken einer sekundären Abgabemotivation.

Die cholerische Inszenierung

Die cholerische Inszenierung kann in großen zeitlichen Abständen angewandt werden, um die eigene kommunikative »Gefährlichkeit« beziehungsweise Unberechenbarkeit unter Beweis zu stellen. Bevorzugt wird der künstliche cholerische Ausbruch in Momenten inszeniert, in denen die Gefahr droht, dass das Team sich nicht mehr so gut kontrollieren lässt oder Teammitglieder womöglich aufmüpfig werden. Ihre professionelle Inszenierung muss echt wirken: Eindrucksvoll ist, wenn Ihre Halsschlagader anschwillt, zumindest aber sollte Ihr Gesichtsausdruck mehr als verärgert wirken. Werden Sie lauter oder zischender, schlagen Sie mit der Hand krachend auf den Tisch – während Sie innerlich distanziert über einen Kinobesuch am heutigen Abend nachdenken. Das nennt man »professionelle Distanz«. Sie tun so »als ob«. Sie sind nicht wirklich emotional berührt, inszenieren aber den großen Wutausbruch und eine astreine Konfrontation, weil Sie wissen, dass Umstände, wegen denen Ihr Team unruhig wird, unbedingt vom Tisch müssen, damit Sie später nicht wirklich verärgerte, schlaflose Nächte durchwachen. Die cholerische Inszenierung ist in diesem Sinne ein »präventives Einschüchterungsritual«, mit dem Sie widerspenstige Teams auf Linie bringen. Allerdings sollten Sie diese Inszenierung nur sporadisch anwenden, da ansonsten der Eindruck entsteht, dass Sie hysterisch oder chronisch cholerisch sind.

✗ Beispiel: Meisterlich inszeniert das ein leitender Potsdamer Regierungsdirektor: Er bittet seinen Kontrahenten, im Meeting neben ihm Platz zu nehmen, überschreitet dabei Nähe und Distanz und pflegt – wenn er die Rolle »Ich rege mich auf« spielt – verärgert mit der flachen Hand so geschickt auf den Konferenztisch zu schlagen, dass sein Wasserglas umkippt und sich der Inhalt auf Papiere und Beine des Kontrahenten ergießt. Damit dies besser gelingt, hat seine Chefsekretärin ein sektkelchartiges Trinkglas besorgt, dass sowieso auf wackligem Bein steht. Das nennt man gelungene Vorzimmerfürsorge!

Besonders glaubwürdig wirken derartige Inszenierungen, wenn sie gegen reale oder imaginäre Feindbilder der Firma gerichtet sind. Meisterlich verstehen es dann die Akteure, ihre verbalen Ausbrüche als Kampf- und Verteidigungsbereitschaft gegen äußere Feinde darzustellen. »Können Sie ein Feindbild zum Leben erwecken, rückt die Mannschaft hinter Ihnen zusammen, und das Führen wird leichter. Wenn man keinen äußeren Feind hat, muss man auf jeden Fall eines erfinden«, so ein Münchner Erfolgsmensch.

Wenn Ihnen diese Strategie zu primitiv erscheint, können Sie die abgeschwächte Variante wählen, in der Sie wenigstens punktuell laut oder im Ton böse werden (»Es reicht!«), damit die anderen im Team spüren, dass Sie es ernst meinen. Fakt bleibt: Sporadische – auch lautstärkere – Positionierungen schaden nicht, sondern zeigen, dass Ihr kommunikatives Repertoire nicht nur Charme, sondern auch Vulkanausbrüche beinhalten kann: »Sie kann kämpfen wie eine Löwin« wird dann zum Kompliment. Eine wichtige Bewertung, um nicht unterschätzt und als zu leichtgewichtig für höhere Aufgaben abgetan zu werden!

Die Frauen-Aggressivitätsfalle

Damit karriereorientierte Frauen auch in Zukunft aufgrund ihrer Reflexionslust und ihren moralischen Ansprüchen ins Wettbewerbsschlingern geraten, haben Männer die »Frauen-Aggressivitätsfalle« entwickelt. Diese ist einfach, primitiv und vor allem deshalb wirkungsvoll, weil sie kultiviert beginnt: Headhunter, Unternehmensberater und Vorgesetzte fördern die differenzierte Zurückhaltung von Frauen, ihr ethisches Abwägen und ihr soziales Know-how, das heute unter dem schmackhaften Begriff der »emotionalen Intelligenz« gereicht wird. Vordergründig wohlwollend empfehlen sie Frauen,

- nicht aggressiv zu sein, das wirke unweiblich und kriegerisch;
- nicht zu ambitiös, also ehrgeizig aufzutreten, das wirke verkrampft;
- zwar Biss zu zeigen, aber niemanden wegzubeißen;
- sozial kompetent zu agieren – zumal jedes Unternehmen die soziale Kompetenz in seinen Imagebroschüren herausstellt – und teamorientiert zu arbeiten.

Das klingt alles sympathisch, vernünftig und fair. Die männlichen und weiblichen Berater verschweigen allerdings, dass auch jedes noch so eingespielte Team eine graue Eminenz hat, die in Konfliktfällen die Richtung vorgibt. Und es ist auch kein Zufall, dass von »grauer Eminenz« und nicht von »grauer Äbtissin« gesprochen wird! Die wohlklingenden Empfehlungen sind darum dazu angetan, pflegeleichte Mitarbeiterinnen zu fördern, aber keine Führungsfrauen! Machtorientierte Frauen durchschauen diese Fehlempfehlungen, auch weil ihnen die informellen Macht- und Männerspiele bekannt sind. Sie halten dagegen und fighten. Für Männer ist das ein Albtraum. Frauen, die derart pfiffig agieren, merken sehr schnell, dass die übliche Charmeoffensive machtstrategischer Männer dann sehr schnell versickert: Komplimente werden nicht mehr verteilt und aus dem Mantel hilft ihnen auch keiner mehr. Stattdessen häufen sich ätzende Kommentare zu langjährigen männlichen Erfahrungen mit weiblichen Unzuverlässigkeiten und Fehlentscheidungen.

Frauen, die ernsthafte Gegenspielerinnen werden, anstatt bescheiden ins dritte Glied zurückzutreten, erhalten die Höchststrafe: die Frauen-Aggressivitätsfalle. Zwar wird dem weiblichen Geschlecht im Allgemeinen die größere Affinität zur Intrige unterstellt, aber auch Männer haben hier Bemerkenswertes zu bieten, zumal ihr System Jahrhunderte lang erprobt wurde. Zu drastischen Mitteln wie der Hexenverfolgung und -verbrennung mag man spätestens seit der Aufklärung nicht mehr greifen. Stattdessen pflegt die Männerwelt heute den sanften Rufmord, eben die Frauen-Aggressivitätsfalle: Alles was erfolgreichen Männern positiv zugeschrieben wird, ist für Frauen negativ:

■ Ambitioniertheit wird plötzlich zum krankhaften Ehrgeiz,
■ Durchsetzungsstärke zur Hysterie,

- Zielstrebigkeit zur Sturheit und
- weibliche Dynamik zum bornierten Auftreten.

In Abwesenheit der Damen wird sexistisch nachgelegt: Die durchsetzungsstarke Frau gilt schnell als frigide, frustriert und unweiblich, oder sie wird Bestandteil von Machowitzen unterhalb des *Playboy*-Niveaus. Diese chauvinistischen Witze sind übrigens nicht nur Ausdruck primitiver, unsensibler Männlichkeit: Sexismus verstehen einige Männer als letzte Waffe im Geschlechterkampf, denn die Erfolgsfrau von heute hasst dieses Vulgärniveau! Angewidert wendet sie sich ab – und schon ist man(n) sie los. Das klappt nicht immer, denn manche Frauen schlagen klug zurück. Das erfuhr auch die Security-Abteilung eines großen britischen Handelshauses in der Londoner City. Diese musste 1,4 Millionen Pfund Schadensersatz an Mrs. B. zahlen. Grundlage war eine Geschmacklosigkeit, die ihr Chef auch noch schriftlich auf einem Notizzettel hinterließ:»Sie (B.) hat schon Krebs hinter sich, nervt uns ständig und bekommt jetzt auch noch ein Baby.«

Das sollten Sie sich merken: Für den gejagten Mann bleibt Chauvinismus eine antiquierte, aber effektive Strategie, um weibliche Emporkömmlinge abzuschrecken und auf Distanz zu halten! ■

Machtorientierte Frauen schalten auch in harmloseren Fällen die Gender- oder Frauenbeauftragte ein, mit der sie eh per Frauennetzwerk verbunden sind. Sie delegieren damit zum Beispiel ihren Ärger über sexistisch Primitives an das Gleichstellungsressort. Die betroffenen Männer müssen dann dort Rede und Antwort stehen. Peinlich und nicht karrierefördernd. Zur

Höchststrafe wird es für Männer, wenn die machtorientierten Damen die sexistischen Ausfälle den Ehefrauen zugänglich machen, die in der Regel ihre Männer als kultivierte Vertreter ihrer Spezies sehen – beziehungsweise bis dahin sahen.

✗ Beispiel: Ein Beispiel für einen derartigen Stigmatisierungsprozess bietet die neue, 33-jährige Ressortleiterin eines internationalen Wirtschaftsmagazins: Von 1 000 männlichen Furien fühle sie sich gejagt! Auf die Frage nach ihrer wichtigsten Kompetenz in der beruflichen Anfangszeit in diesem Durchstarterjob antwortet sie: »Dumme Antworten auf Dicke-Busen-Witze!« (Eigentlich drückte sie es verbal noch drastischer, allerdings nicht druckfähig aus.) Das ist ja auch ein starkes Stück aus Männersicht: Ressortleiterin in der Männerdomäne Wirtschaftsmagazin! Wäre die Dame bei *Cosmopolitan, Schöner Wohnen* oder *Living at Home* auf dem Karrieresprung, hätten die männlichen Topjournalisten das eher verkraftet. Aber beim Wirtschaftsmagazin! Vor allem die älteren, grau melierten Herren taten sich schwer, da sie sich noch an die fünfziger Jahre in Deutschland erinnerten, in denen es Frauen nicht gestattet war, ohne Zustimmung des Ehemannes ein Bankkonto zu eröffnen!

Also griffen sie an – niveaulos und sexistisch. Aber in unserem Fall bissen die Busen-Witzler bei ihrer neuen Ressortleiterin auf Granit. Die lud nämlich deren Ehefrauen zur Weihnachtsfeier ein und kündigte den Männern an, ihren »Humor« »da mal zum Besten zu geben«. Die Männer erschraken. Wer will zu Hause schon als jemand dastehen, der andere Frauen anmacht? Einige der Ehefrauen kamen übrigens tatsächlich zur Weihnachtsfeier – und die Leiterin sagte nichts. Musste sie auch nicht. Die Ankündigung hatte als Abschreckung ausgereicht. Was blieb, war Dankbarkeit für das Schweigen der neuen Chefin und eine zukünftig größere Höflichkeit ihr gegenüber.

Auch in diesem Fall zeigt sich: Ablehnung wandelt sich schnell in professionellen Respekt, wenn man an jemandem nicht vorbeikommt, weil der Standfestigkeit beweist. Machtorientierte Frauen wissen und genießen das. Vor allem lassen sie sich nicht von hässlichen Kommentaren in ihrem beruflichen Umfeld schockieren oder frustrieren. Sie schmeißen auch nicht das Handtuch. Ganz im Gegenteil: Sie interpretieren die fiesen Kommentare als letzte männliche Zuckungen, als Zeichen, auf dem richtigen Weg zu sein, denn man(n) betrachtet sie als ernst zu nehmende Mitbewerberin.

Das sollten Sie sich merken: Seien Sie in der Frauen-Aggressivitätsfalle nicht freundlich zu Ihren Gegenspielern. Betrachten Sie diese als Feinde. Blicken Sie finster drein, seien Sie streng und signalisieren Sie, dass Sie diese Herabwürdigung nicht ungestraft lassen – die anderen werden schon sehen. ■ ←

Die Arbeitsgruppe als Bermuda-Dreieck

Bleiben ungeliebte Ideen und noch ungeliebtere Mitarbeiter so hartnäckig, dass man sie trotz diverser Abwehrstrategien nicht loswerden kann, bleibt immer noch die Möglichkeit, diese Ideen samt Verteidigern im Bermuda-Dreieck einer Arbeitsgruppe zu versenken. Viele Arbeitsgruppen erfüllen genau diese Funktion. Ihre Aufgabe ist es nicht, zu besten Ergebnissen für die Firma zu kommen. Sie sind dazu da, störende Mitarbeiter zu beschäftigen, sozusagen als betriebsinterne Arbeitsbeschaffungsmaßnahme mit vorprogrammiertem Scheitern. Das ist garantiert, wenn Sie Einfluss auf die Zusammenstellung der Arbeitsgruppe nehmen können: Bestücken Sie das Team möglichst mit Mitarbeitern, die sich durch kontroverse Grundhaltungen und Arbeitsstile auszeichnen und auch kollegial nicht miteinander können, weil deren Chemie schlichtweg nicht stimmt. Die Mitglieder dieser Arbeitsgruppe werden dann in einen schönen Raum mit gutem Service gesperrt und mit der Konzepterstellung für die ungeliebte Idee, die man auf keinen Fall umsetzen möchte, beauftragt. Die gegenseitigen Unsympathien in der Gruppe führen wunschgemäß dazu, dass sich deren Mitglieder zerstreiten und zu keinem sinnvollen Ergebnis kommen. Ganz im Gegenteil: Sie torpedieren gegenseitig ihre Vorschläge.

In der Politik nimmt man zur Umsetzung dieser Bermuda-Dreieck-Strategie am besten Experten aus Gewerkschaft und Arbeitgeberlager, die sich bekanntermaßen überhaupt nicht grün sind. Sehr gut sind jene geeignet, die sich gegenseitig schon über die Presse oder anderweitig öffentlich kritisiert und beleidigt haben. Auch Arbeitsgruppen, die sich aus Vertretern von Lebensmittelhandel und -chemie zusammensetzen, ziehen hier an einem Strang – in unterschiedliche Richtungen. An Universitäten reicht es üblicherweise aus, zwei Professoren aus konkurrierenden Theorieschulen in dieselbe Arbeitsgruppe zu berufen. Garantiert werden die sich gegenseitig neutralisieren und sich zu keiner einhelligen Fachmeinung durchringen können, sodass die Institutsleitung ganz elegant das ungeliebte Projekt solange auf Eis legen kann, »bis eine theoretische und praktische Einhelligkeit erzielt werden kann«. Das wird vermutlich nie geschehen – wie schade ... Die instrumentalisierte Arbeitsgruppe darf als einer der wirkungsvollsten Innovationszerstörer in Deutschland betrachtet werden!

Wenn Sie erfahren, dass Sie in eine Arbeitsgruppe mit sich widersprechenden Vertretern bestellt werden sollen, dann versuchen Sie auf jeden Fall, sich dieser Aufgabe zu entziehen, denn Sie sollen abgeschoben werden.

Das kann recht schwierig sein, denn offiziell muss der Anschein der Arbeitsfähigkeit der Arbeitsgruppe aufrechterhalten bleiben. Elegant können Sie dem entgehen, wenn Sie jemanden anderes als fachlich geeigneter hinein empfehlen können, vielleicht noch gepaart mit dem unaufdringlichen Angebot an die Leitung, sie dann hier und dort entlasten zu können. Der von Ihnen Empfohlene kann übrigens gerne jemand sein, den Sie aufs Abstellgleis befördern wollen – denn genau darum handelt es sich bei dieser Art von Arbeitsgruppen!

Das sollten Sie sich merken: Nur Arbeitsgruppen, in denen die große Mehrheit an einem Strang zieht (und zwar in eine Richtung), entfalten die Power der Innovation! ■ ←

Wollen (oder müssen) Sie dennoch in schwierigen Arbeitsgruppen etwas durchsetzen, sollten Sie sich der präventiven Konfliktlösungsstrategie bedienen: erst die Mehrheiten in Vorgesprächen festzurren und dann pseudodemokratisch ins Meeting gehen. Im Jargon nennt man das »gut präpariert«. Kluges Taktieren hält die potenziellen Gegenspieler auf Distanz. Ganz davon abgesehen, dass der Genuss am eigenen strategischen Geschick so manchen Mitarbeiter aufblühen lässt.

Beispiel: Ein Textilgeschäftsführer nennt das geradezu euphorisch sein »sinnliches Verhältnis zur Gestaltungsfreiheit«. Will er etwas Kniffliges durchsetzen, stimmt er sich mit seinen loyalen Partnern, Frau Sabine L. und Herrn Walter K., aus der Entscheidungsgruppe präzise ab: »Ich werde meine Ausführungen mit dem Satz beenden: ›*Das hat aus meiner Sicht Zukunft!*‹ Walter fällt mir dann bitte sofort ins Wort und sagt: ›*Ein sehr guter Gedanke, den wollte ich auch schon lange verfolgen.*‹ **✗**

Sabine präzisiert direkt im Anschluss, dass diese Idee exakt den Interessen unserer nationalen Partner entsprechen dürfte.« Das Resultat dieser Art von Abstimmungsprozessen ist fast immer identisch: Die Restgruppe nickt ab, denn jeder Gegenredner weiß, dass er es nun gleich mit drei potenten Fürsprechern zu tun bekommt. Die Gefahr, hier zu unterliegen, scheuen die meisten. Der Widerstand ist damit im Keim erstickt, und manch potenzieller Kritiker lässt frustriert den Kopf hängen – was unser Textilgeschäftsführer gerne auch als zustimmendes Nicken wertet! Der Mann hat Humor. Schwarzen Humor.

Kleine Chilischoten am Rande

Nebenbei ist ein zentrales Utensil Ihres Arbeitsalltags schon mehrfach aufgetreten – hier möchte ich ihm das richtige Gewicht verleihen: Ihr Timer ist für Ihre wirksame Peperoni-Strategie unerlässlich. Vermerken Sie in ihm, wer Sie zu welcher Gelegenheit kritisiert hat (und damit auf Ihre persönliche schwarze Liste gehört). Nutzen Sie – wie oben bereits empfohlen – im Rahmen Ihrer Abwehrrhetorik, um sich Zeit zu verschaffen, indem Sie nach außen eifrig die Kritikpunkte Dr. Salzmanns festhalten, in Wirklichkeit aber notieren: »Salzmann ist und bleibt ein Trottel«. Und vor allem: Machen Sie Ihren Timer zum Instrument Ihrer Schwachstellenanalyse. Der Timer ist der ideale Ort, um festzuhalten, wie die Frau des Chefs heißt, welche Cognac-Sorte er bevorzugt – und auch wo seine empfindlichen Punkte liegen: Wie reagiert er auf den strengen »Mutter-Blick«? Er lässt sich durch Charme einwickeln? Auf welche Reizworte springt er an? Das gleiche Verzeichnis lässt sich natürlich wunderbar für Kunden und Kollegen anlegen.

Diese fühlen sich wunderbar verstanden, wenn Sie Kinder oder Enkelkinder namentlich grüßen lassen oder die richtigen Zigarren schenken. Außerdem vermeiden Sie auf diese Weise peinliche Fettnäpfchen.

Natürlich wählt man im Kreise der Erfolgreichen nicht das hässliche Wort »Schwachstellenanalyse«, sondern spricht von Einfühlungsvermögen, von dem empathischen Manager, der souveränen Managerin mit Herz.

Achtung Falle – wovon Sie unbedingt die Finger lassen sollten

Eine wichtige Eigenschaft erfolgreicher Menschen ist ihr seismografisches Gespür für drohenden Ärger. Entfernte Beben sollten Sie frühzeitig wahrnehmen, bevor sie Sie überrollen. Diese Beben beginnen meist mit nur einem leisen Grollen, denn heute gilt: Menschen stürzen nur selten wegen großer oder grober Fehlleistungen. Viel eher sorgen kleine Alltäglichkeiten, die so genannten »Selbstverständlichkeiten der Macht« für Komplettabstürze. Zu diesen »Selbstverständlichkeiten« zählen Service-Angebote, mit denen sich Menschen kurioserweise gerne verwöhnen lassen, weil sie in ihnen Symbole ihres Einflusses und ihrer Möglichkeiten sehen. Kriminologisch spricht man hier von »Vorteilsnahme«. Dazu zählt:

■ die Annahme kleinerer Geschenke, wie ein exklusives Pfeifenset oder feinen Champagner der Marke »Madame Duval«,
■ das private Telefonieren über das Diensttelefon mit der Schwester in den USA, obwohl die privat gesparte Telefongebühr lächerlich gering ist,

- das »Mitgehen-Lassen« von Materialien des Bürobedarfs, wie Kugelschreiber, Blankopapier, Druckerpatronen oder Briefumschläge,
- die Hotelrechnung, die durch einen befreundeten Unternehmer übernommen wird und die selbst im edlen Berliner Adlon oder dem gediegenen Hamburger Süllberg pro Nacht selten vierstellig ist oder
- die Miteinladung der Ehefrau oder des Ehemanns in ein nobles Seminarhotel, inklusive eines Business-Freiflugtickets.

Gemessen am Einkommen der Erfolgreichen und Durchsetzungsstarken geht es bei diesen Offerten um materielle Peanuts, denn all das ließe sich auch bequem und korrekt privat finanzieren. Gerade deswegen kann diese Mitnahme-Mentalität Sie den Kopf kosten, da sie auf unkorrekte Verquickungen hindeutet. Daher sollten Sie, wenn Sie Ihren Erfolg dauerhaft halten wollen, strikt zwischen Beruflichem und Privatem trennen – um nicht über derartige, zunächst harmlos auftretende (Fehl-)Leistungen zu stolpern! Verfallen Sie nicht den schönen Verlockungen. Aktivieren Sie Kräfte, um der Verführung zu widerstehen. Es lohnt sich!

Für einen gewürzten Berufsalltag

Sie sehen: Die Peperoni-Strategie bringt Würze in Ihr Leben. Ihr beruflicher Alltag wird kein geschmackloser Einheitsbrei bleiben, sondern Feuer fangen. Es wird aber auch deutlich geworden sein: Auf die richtige Dosierung kommt es an. Es ist wie beim Kochen: Zu scharf dosiert, verdirbt die Peperoni jedes Menü. Ohne Würze fehlt dem Essen wiederum das gewisse Etwas. Das richtige Maß macht den Unterschied zwischen Gaumenfreude und kulinarischer Enttäuschung. Entsprechend möchte dieses Buch Sie auf den Geschmack bringen, ein Strategie- und Durchsetzungs-Gourmet zu werden.

Dazu bedarf es der berühmten 80 Prozent Fairness und Sozialverträglichkeit im Umgang mit unseren Mitmenschen. Dies ist den meisten von uns in die Wiege gelegt oder durch Erziehung nahe gebracht worden. Diese 80 Prozent sollten Sie um 20 Prozent »Peperoni-Power«, also um den Biss ergänzen, den es braucht, um auch energisch Ihre Ziele anzupeilen. Aber Achtung: Bei aller Durchsetzungsstrategie und Machtspielkompetenz bleibt das Gemeinwohl handlungsleitend. Die Verhältnismäßigkeit im Wettbewerb muss stimmen. Das heißt, es geht bei der Peperoni-Strategie nicht um die Befriedigung ausschließlich egoistischer Bedürfnisse. Es geht schon gar nicht um die Förderung von Ellenbogenkarrieren. Ziel ist und bleibt das Wecken Ihrer natürlichen Power, Ihrer positiven, strategischkonstruktiven Aggression, die Sie brauchen, um gute Ideen und Projekte zu realisieren – auch gegen starke Widerstände! Wer Gutes durchsetzt, hilft dem eigenen Unternehmen, und er hilft natürlich auch sich selbst, weil man vom Erfolg profitiert. Das ist eine win-win-Situation in Reinkultur – mit einem schönen Nebeneffekt: Sollten Sie den Prinzipien der Peperoni-Strategie folgen, wird es in Zukunft für andere sehr viel schwerer werden, Sie zu übervorteilen. Das kann für das eigene Leben ein sehr beruhigender Gedanke sein.

Ich möchte Sie fragen, was darf man von einem kleinen Buch mehr verlangen? Vielleicht noch eine Kleinigkeit, nämlich die Möglichkeit, die Peperoni-Strategie zu verinnerlichen. Einverleibung nennt das die Psychoanalyse. Die ist für jene Leserinnen und Leser besonders geeignet, denen es die Peperoni-Strategie im positiven Sinne angetan hat: »Ich habe dich zum Fressen gern« darf dann gerne wörtlich genommen werden. Dass gutes Essen Einfluss auf die Aggressivität des Menschen hat, ist unbestritten. So weist die Statistik nach, dass selbst Gewalttäter nur selten nach einem üppigen Mahl zuschlagen. Sie sind dann zu satt, träge und zufrieden – was pfiffige Justizmitarbeiter in Philadelphia dazu gebracht hat, ihre aggressiven Sorgenkinder mit *Icecream*, *Dunken Donuts* und Pizza satt zu versorgen. Und der Erfolg gibt ihnen Recht: Es herrscht eine gesättigte Ruhe.

Umgekehrt ist das natürlich auch möglich: Unsere Stimmung lässt sich durch entsprechendes Essen anheizen. Daher finden Sie am Ende dieses Buches vier Rezepte, die Sie auf die richtige Betriebstemperatur bringen, um anstehende Konflikt- oder Wettbewerbssituationen mit dem richtigen Maß an Schärfe zu meistern! Empfohlen hat diese Rezepte Martin Lagoda, der ehemalige Chefredakteur des Gourmetblattes *Essen und Trinken*, der sie besonders als Business Lunch empfiehlt. Am Mittag eingenommen, geben sie Ihnen den richtigen Peperoni-Drive. Lagoda weist allerdings darauf hin, dass die Dosierungen bei der Zubereitung penibel zu beachten sei, sonst mutieren Sie vor lauter Schärfe zur Rakete und schießen über das Ziel hinaus.

Abschließend bleibt mir nur noch übrig, Ihnen einen guten Appetit zu wünschen. Das gilt nicht nur für die Rezepte, sondern auch für Ihren Biss, mit dem Sie sich zukünftig erfolgreich positionieren werden – ganz im Sinne der Peperoni-Strategie!

Ihr

Anhang

Rezepte für mehr Feuer

Eingelegte Peperoni

Dieses Rezept ist vor allem für jene Leserinnen und Leser gedacht, die keine Zeit für ein Mittagsmenü haben, weil sie schnell sind und einem Arbeitsethos folgen, das besagt, Pausen seien nur etwas für Loser! Auch diese Engagierten brauchen auf ihre Dosis »Biss« nicht zu verzichten, denn für sie gibt es eingelegte Peperoni, und die passen in jedes flache Schraubverschlussglas: ideal für die Handtasche oder das Sakko – für die kleine Dosis »Biss« zwischendurch!

Zutaten für ca. 6 Gläser

- *1 kg Peperoni*
- *250 g in Streifen geschnittene Zwiebeln*
- *1 Päckchen Einmach-Hilfe*

für die Essig-Zucker-Lösung

- *½ l Weinessig*
- *⅛ l Wasser*
- *750 g Zucker*
- *Salz, Pfefferkörner*

Zubereitung

Die Peperoni waschen. Die Essig-Zucker-Lösung aus den oben genannten Zutaten zum Kochen bringen. Die Peperoni und Zwiebeln hineingeben und 30 Minuten kochen lassen. Mit etwas Zucker abschmecken, von der Flamme nehmen und ein Päckchen Einmach-Hilfe unterrühren. Den Inhalt heiß in Schraubverschlussgläser bis zum Rand füllen und sofort verschließen. Einige Minuten lang auf dem Deckel stehen lassen. Fertig.

Gegrillte Peperoni

Wenn Sie jemandem so richtig Feuer unter dem Hintern machen wollen:

Zutaten für 4 Portionen

- *1 Glas griechische Peperoni (mild-pikant)*
- *2 Zehen Knoblauch*
- *¼ Brötchen oder 2 Scheiben französisches Weißbrot*
- *1 Prise Salz*
- *1 Prise gemahlener schwarzer Pfeffer*
- *1 Prise scharfes Paprikapulver*
- *den Saft einer ¼ Zitrone*
- *2 EL Wasser*
- *6 EL natives Olivenöl*

Zubereitung

Das Brötchen ganz fein schneiden oder raspeln (aber kein Paniermehl daraus machen), die Peperoni abtropfen lassen und in einer großen, mit 2 Esslöffel Olivenöl eingepinselten Auflaufform auslegen. Die ausgepressten Knoblauchzehen und die restlichen Zutaten mit den Brotkrümeln sachte vermischen. Die Masse gleichmäßig über den Peperoni verteilen, alles im vorgeheizten Backofen bei circa 200 Grad 10 Minuten garen lassen und 5 Minuten mit Oberhitze »grillen«. Im Sommer alles in einer selbst gebauten Aluform auf dem Grill circa 10 Minuten erhitzen. Die Peperoni auf grünen Salatblättern mit französischem Weißbrot servieren.

Griechischer Nudelauflauf mit Oliven und Peperoni

Gut geeignet, wenn Sie Gegenspieler mit mediterranem Faible zur Strecke bringen wollen – auch privat für scharfe Überrumpelungen nützlich:

Zutaten für 4 Personen

- *250 g Nudeln (z. B. Spiralnudeln)*
- *Salz*
- *500 g Lauch*
- *2 EL Olivenöl*
- *1 rote Peperoni*
- *1 grüne Peperoni*
- *600 g Fleischtomaten*
- *1 Bund glatte Petersilie*
- *Fett für die Form*
- *100 g schwarze entsteinte Oliven*
- *Pfeffer*
- *3 Eier*
- *150 g Crème fraîche*

- *50 g griechischer Schnittkäse, fein geraspelt (ersatzweise Gruyère)*

Zubereitung

Nudeln in kochendem Salzwasser nach Packungsanweisung garen. Abgießen, abtropfen lassen. Ofen auf 200 Grad vorheizen. Lauch waschen und putzen, längs vierteln, in 4 cm lange Stücke schneiden. Olivenöl erhitzen, Lauch darin 5 Minuten dünsten, herausnehmen. Peperoni längs halbieren und entkernen (Vorsicht!). Tomaten waschen und in Scheiben schneiden. Petersilie waschen, trockenschütteln, die Blättchen abzupfen und in Streifen schneiden. Auflaufform (2,5 l Inhalt) einfetten. Die Hälfte der Nudeln, Lauch und Oliven einschichten. Tomaten darauf legen, salzen und pfeffern, mit Petersilie bestreuen. Restliche Nudeln, Lauch und Oliven einfüllen. Eier, Crème fraîche und Käseraspeln mit Pfeffer und Salz verquirlen, über dem Auflauf verteilen. Peperoni darauf legen. Auflauf im Ofen auf der zweiten Schiene von unten circa 45 Minuten backen.

Peperoni mit Spinatfüllung

Ein Gericht mit Popeye-Effekt – wenn Sie sich stärker fühlen möchten, als Sie in Wirklichkeit sind.

Zutaten für 4 Personen

- *4 rote Peperoni*
- *2 EL Olivenöl extra vergine*
- *1 mittelgroße Zwiebel, fein gehackt*
- *500 g junger Blattspinat*

- *2 Knoblauchzehen*
- *2 EL Pinienkerne*
- *Kräutermeersalz*
- *Pfeffer aus der Mühle*
- *250 g Vollmilchquark oder Ricotta*
- *80 g geriebener Parmesan*

Zubereitung

Die Peperoni halbieren und entkernen (Vorsicht!). Die Hälften im Dampf (Kochtopf mit Siebeinsatz) etwa 8 Minuten garen. In der Zwischenzeit das Olivenöl in einer weiteren Pfanne erhitzen und die Zwiebel darin andünsten. Den Spinat zufügen und unter Rühren zusammenfallen lassen, die Knoblauchzehen dazupressen und mit den Pinienkernen unterrühren, mit Kräutersalz und Pfeffer würzen. Abkühlen lassen. Den Backofen auf 200 Grad vorheizen. Spinat, Quark und Parmesan vermengen, in die Peperonihälften füllen. Die Gemüsefrüchte in eine eingefettete Gratinform stellen, wenig Käse darüber streuen. Peperoni auf die mittlere Rille in den vor geheizten Backofen schieben, bei 220 Grad rund 12 Minuten backen. Mit Reis oder Nudeln servieren.

Literatur

Bandura, Albert: *Aggression. Eine sozial-lerntheoretische Analyse.* Stuttgart 1979

Basiliankov, M. P.: *Machiavelli im Management. Erfolg und Karriere durch Bewusstsein.* Berlin 1995

Becker, Gary S.: *Der ökonomische Ansatz zur Erklärung menschlichen Verhaltens.* Tübingen 1993

Brecht, Bertolt: *Der gute Mensch von Sezuan*, Frankfurt/Main 2003

Colla, Herbert. E, Scholz, Christian, Weidner, Jens: *Konfrontative Pädagogik. Das Glen Mills Experiment.* Godesberg 2003

Fromm, Erich: *Die Seele des Menschen. Ihre Fähigkeit zum Guten und zum Bösen.* Stuttgart 1979

Goethe, Johann Wolfgang: *Faust. Der Tragödie erster Teil.* Stuttgart 1976

Greene, Robert: *Power. Die 48 Gesetze der Macht.* München 1999

Heyne, Claudia: *Täterinnen. Offene und versteckte Aggressionen von Frauen.* Zürich 1993

Kellner, Hedwig: *PA, der Karrierefaktor. Mit Positiver Aggression zum Erfolg.* Frankfurt/Main 2000

Mitscherlich, Margarete: *Die friedfertige Frau.* Frankfurt/Main 1985

Perner, Rotraut A.: *»Abschied vom Mythos Macht«.* In: *gdi-impuls* 4/97

Polsky, Howard W.: *Cottage Six. Social Systems of Delinquent Boys in Residential Treatment.* New York 1962

Thiele, Albert: *Argumentieren unter Stress. Wie man unfaire Angriffe abwehrt.* Frankfurt/Main 2004

Weidner, Jens: *Anti-Aggressivitäts-Training für Gewalttäter. Ein delikt-*

spezifisches Behandlungsangebot im Jugendstrafvollzug. 6. Auflage. Godesberg 2003

Weidner, Jens, Koller-Tejeiro, Yolanda M.: *Mit Biss zum Erfolg. Durchsetzungsstärke und positive Aggression im Management.* 2., erweiterte Auflage. Godesberg/Zürich 2001

Register

Seminare für mehr Biss

Die vorgestellte Strategie ist als Seminar unter dem Titel
»Die Peperoni-Strategie: Mit Biss zum Erfolg« buchbar unter

Prof. Dr. phil. Jens Weidner
Aggressions-Seminar-Service & Management-Training (ASS)
Tinsdaler Kirchenweg 221A
22559 Hamburg
Tel.: 0 40 / 81 64 05

oder

info@prof-jens-weidner.de

Weitere Informationen finden Sie unter
www.prof-jens-weidner.de und www.peperoni-strategie.de